より良い動きのための

カラダの意外な見方・考え方

理学療法士
アレクサンダー・テクニーク教師
林 好子

BAB JAPAN

はじめに

『この人の動きを邪魔しているものはなんだろう?』。アレクサンダー・テクニーク教師・理学療法士としてクライアントさんを目の前にし、この問いを自身に投げかけた時、やってくる答えは体(筋力低下や柔軟性低下など)に限定されることは稀で、意識や感覚、思考、感情など様々な因子に問題や介入点を見つけることができます。また、世界の一部、社会の一員として存在する私たちの体や動きが自身によってのみ決定されることはなく、他者、文化、風土など自身を取り巻くあらゆるものがその人の動きに影響していることに気づきます。

つまり、私たちの動きは体だけで語れないということです。

しかしながら、体の不調や動きの改善を求めてやってくる多くの方は、動きを体だけで語ろうとしています。筋力をつければ良くなるはず、柔軟性を高めればもっと楽にうまく動けるはず、と体の機能面に限定したエクササイズに取り組み、それで解決できなかった時は他の選択肢がみつけられないという方は少なくありません。また、動きを変えるために、それそのものに直接的に働きかけることしかできず躓いている方もおられます。

読者の中にも、望むような動きができていないのは分かっていても、なぜできないのか、何をどんな風に変えれば良いのかわからず、ただ理想を目指して動きを繰り返すしかできず行き詰まっている方はおられるのではないでしょうか。もしかしたら、働きかける先を、体や動きそのものではなく、皆さんの考えや認識、自分全体に変えることで、自身が望むような動き、未知なる動きを引き出せるのかもしれません。

この本は、動きを向上させるための画一的なアプローチを提案するものではありません。本書が目的とするところは、皆さんの体や動きに対する発想の転換・視野の拡大（見方や考え方の拡大）を図り、それによって新たな気づきをもたすこと、これまでと異なる切り口で自身の体や動きに働きかけられるようになることです。そして、自身が持つ固定観念によって制限されていた体や動きを解放すること、人間が本来持つ動くための機能や自身の持つ動きの可能性を引き出すきっかけを与えることです。日常生活の動作をもっと楽に快適にできるようになりたいと願う方だけでなく、アスリート・武道家・ダンサーなどパフォーマンスの向上を目指す方々にとっても、新たな道しるべとなるはずです。

そして、著者の願いとしては、この本を読み終わった頃に、皆さんが体や動きに対する好奇心を抱き、もっと体や動きについて学びたいと思っていただけるといいなと思っています。好奇心は何を学ぶ上においても最大の武器です。みなさんが本を読みながらワクワクしていただけることを願っています。

ではは本文へとお進みください。

２０２０年８月

林　好子

目次

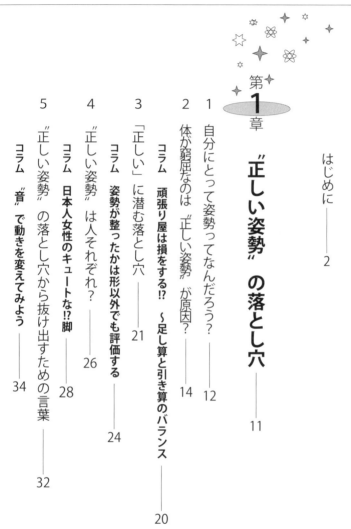

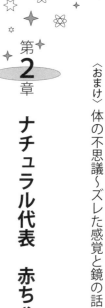

第3章　嘘かホントかは別にして、知らず知らずのうちに学んでいる体のこと

～アイデア一つ変えれば動きは変わる!?　99

第4章 いつもの自分、〝日常あるある〟に待ったをかける

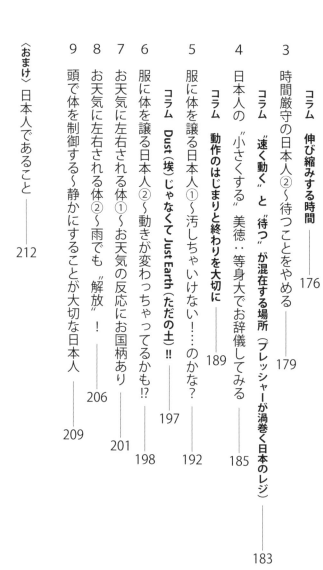

第1章

〝正しい姿勢〟の落とし穴

1 自分にとって「姿勢」ってなんだろう？

「姿勢」という言葉。今も昔も多くの方にとって馴染みのある言葉ですが、人々の健康に対する興味の高まりや情報網の向上により以前より目にしたり耳にする機会が増えたように思います。インターネットや雑誌、街の看板など至るところで「姿勢美人」「猫背解消・姿勢矯正」などという言葉を見かけますし、動きを教えることを専門にしている私はクライアントさん（生徒さんや患者さん）から「姿勢」という言葉をよく聞きます。

一方、私自身はというと、年々、この言葉を使う機会が減っています。その理由を端的にいうと、人々が使う「姿勢」という言葉に厄介な側面があり、人の動きを邪魔したり誤解が生じる可能性があると感じているからです。アレクサンダー・テクニーク教師、理学療法士として人に動きを教える立場にいる私は、「姿勢」という言葉を慎重に取り扱う必要があると思っており、決して天邪鬼で世間と逆行して使わなくなったわけではありません。

「姿勢」という言葉に厄介な側面があると述べた私ですが、使用頻度が減った今も「姿勢」という言葉に対して好感を持っています。「姿勢」という言葉は「あの人の学ぶ姿勢は素晴らしい」といったように体だけでなく心構え、態度面を表しており、心身一如であることを思い出させてくれます。また、姿勢とは姿（すがた）の勢いと書きます。姿（すがた）の勢いと言われると、そこには動き、ある種のフィーリング、存在の質のようなものを含んでいる印象を受け、この言葉の奥深さを感じます。そして、個人的には文字としての美しさ、かっこよさも魅力的です。達筆な方が毛筆で書けばより一層勢いを感じ、アートとしてかっこいいものになるんだろうなと思ったりします（笑）。

ただ、動きを指導する立場として様々な方に接していると、「姿勢」という言葉に対して私と異なった印象やアイデアを持っておられる方が多く、その言葉の背景にある意味合いがその人の動きを邪魔し、さらに言えば、自由を失わせていると感じる方に出会うことがあります。そのため、「姿勢」という言葉の取り扱いには注意を払っています。特に生徒さんが「これは正しい姿勢ですか？」という具合に、「正しい」「良い」などの形容詞とともに発する際はたいてい落とし穴があるように感じています。ですから、その質問に対し「はい、正しいです」とも「いいえ、その姿勢は間違ってます」とも答えません。強いて答えるなら、いつもより機能的な状態に近づいている、あるいはその逆の表現を用いますが、私にとってはその質問に回答するより、その人にとってその質問の背景にどのような意味合いが含まれているか、その言葉がその人の動きにどのような影響を与えているかを紐解き、かつ紐解いた内容をクライアントさんと共有しながら新しいアイデアを提供していくことの方が大切なように感じています。この後、私が経験した「正しい姿

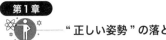

勢」の落とし穴を紹介していきたいと思います。

※日常で馴染みのある「姿勢」という言葉。この言葉に対し、自分がどんな印象やアイデアを持っているか、次の項に行く前に少し考えてみてください。

2 体が窮屈なのは〝正しい姿勢〟が原因？

「これが正しい姿勢ですか？」、「間違った姿勢ですか？」という質問をする人に最も多い落とし穴は、見た目・形に意識が向いていることです。つまり、理想とする形があり、自分の体がその形に近いかどうかということを考えています。それの何が悪いの？　どこが落とし穴なの？と思われる方もおられるかもしれませんが、実は要注意です。体の形（配列）は私たちを助けることもありますが、逆に邪魔することもあります。助けになるか邪魔するかは、形がゴール（目的）であるか結果であるか、あるいは手段であるかによります。結論を先に言うと、形がゴール（目的）になっている場合、つまり、理想とする形をつくることだけにこだわっている場合、私たちは自身の動きを邪魔してしまうことになります。

次ページに示したようなイラストを目にしたことがある方は結構おられると思います。楽な姿勢とそうでない姿勢、肩こりや腰痛が起こる姿勢とそれらを予防できる姿勢などとして紹介され

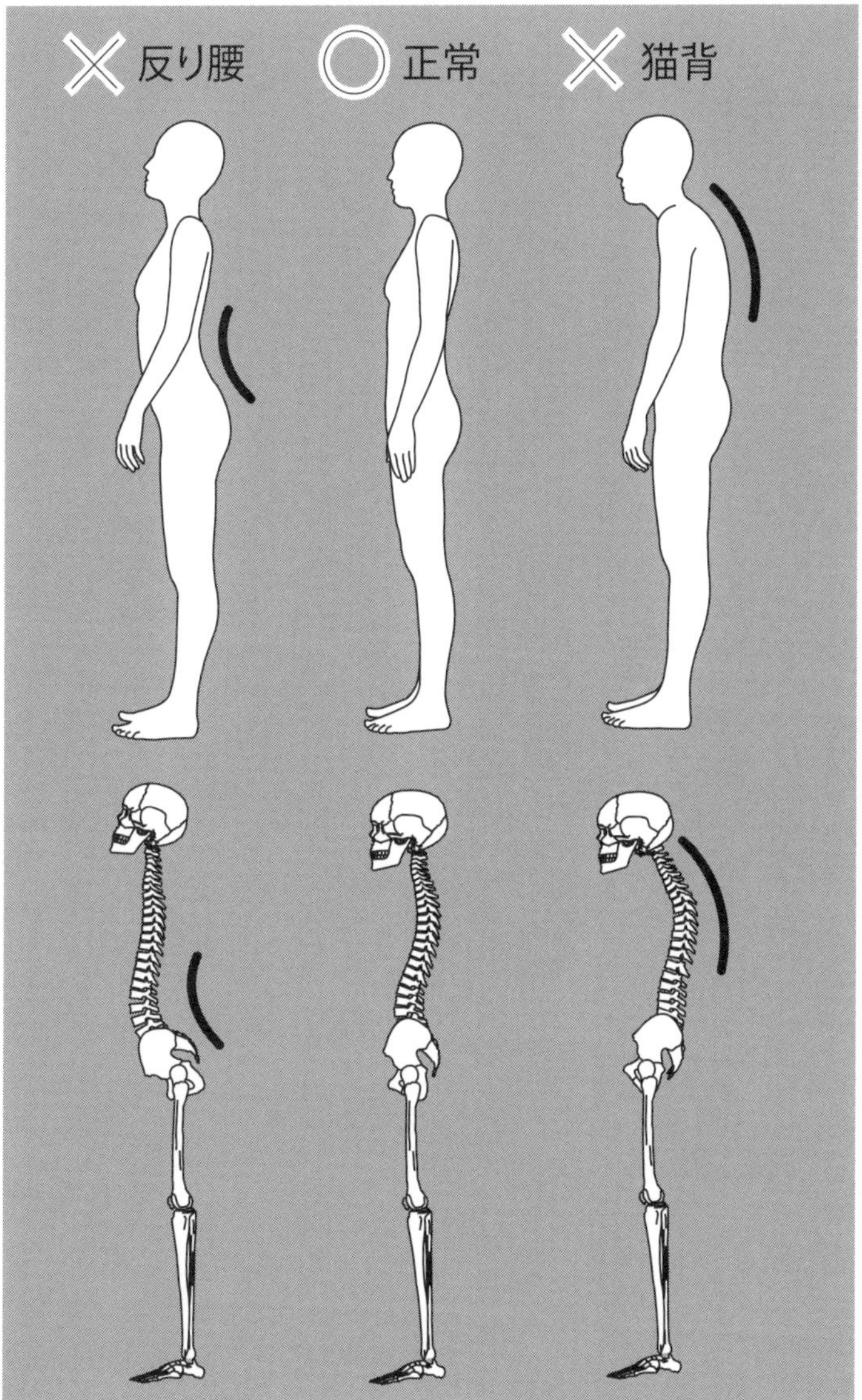
× 反り腰
○ 正常
× 猫背

ています。動きに精通していない方や物理が苦手な方がこれらのイラストをみたとしても、体の各パーツの配列が整うことで、つまり形が整うことで、体の負担を減らすことができるのは容易に想像できると思います。ただ、この形（配列）をつくろうとするのと、結果として現れるのでは大きく異なります。余分な緊張を手放し、足りない筋力や可動性、柔軟性を補った結果、この理想的な配列、自然体が現れ出ます。そして、体の負担を減らすことができます。

一方、「これが正しい姿勢ですか？」と尋ねる方の中には形がゴール（目的）になっていることがあります。あるいは、最初は腰痛や肩こりを改善しようといった目的があったとしても、実際に体を整えようとする際には形がゴールとなり、自身が正しいと思う形をつくることに意識が向けられます。そして、背中はまっすぐ、胸を張って、頭は体の真上、あごを引いて視線はまっすぐ向くように…といった感じで、体のパーツをあっちやこっちに引っ張って形づくりにエネルギーを注ぎます。すると、体はガチガチに緊張し、まるで彫像のように固まってしまいます。これでは腰痛改善、肩こり解消どころか疲れる体になってしまいます。

でも意外と多くの方がやっています。鏡の前に立って自分の姿をチェックしながら体のラインを整えようと体の各パーツをあちこち引っ張ったり押し上げてみた経験がある方は結構おられるのではないでしょうか。そして理想とする形に近づいたのになぜか腰痛や肩こりが改善されず悩

んでいる方はおられると思います。
また、形だけにこだわっている方の多くは、自分自身を静止画像のようにとらえ、流れていく時間と共に動ける自分はイメージできていません。そんな方に対して、もし私が「これが正しい姿勢です」と言おうものなら（つまりそれは、その人にとって「これが正しい形です」という意味になりますが）、その方はその形をなるべく長く留めておこうとし、より固まってしまいます。そして、動く際にも一枚の静止画を時間軸上に繰り返しコピペ（コピー&ペースト）していくかのように、一瞬の状態（形）を留めようとしながら動いていくので、ロボットのようなぎこちない不自然な動きになってし

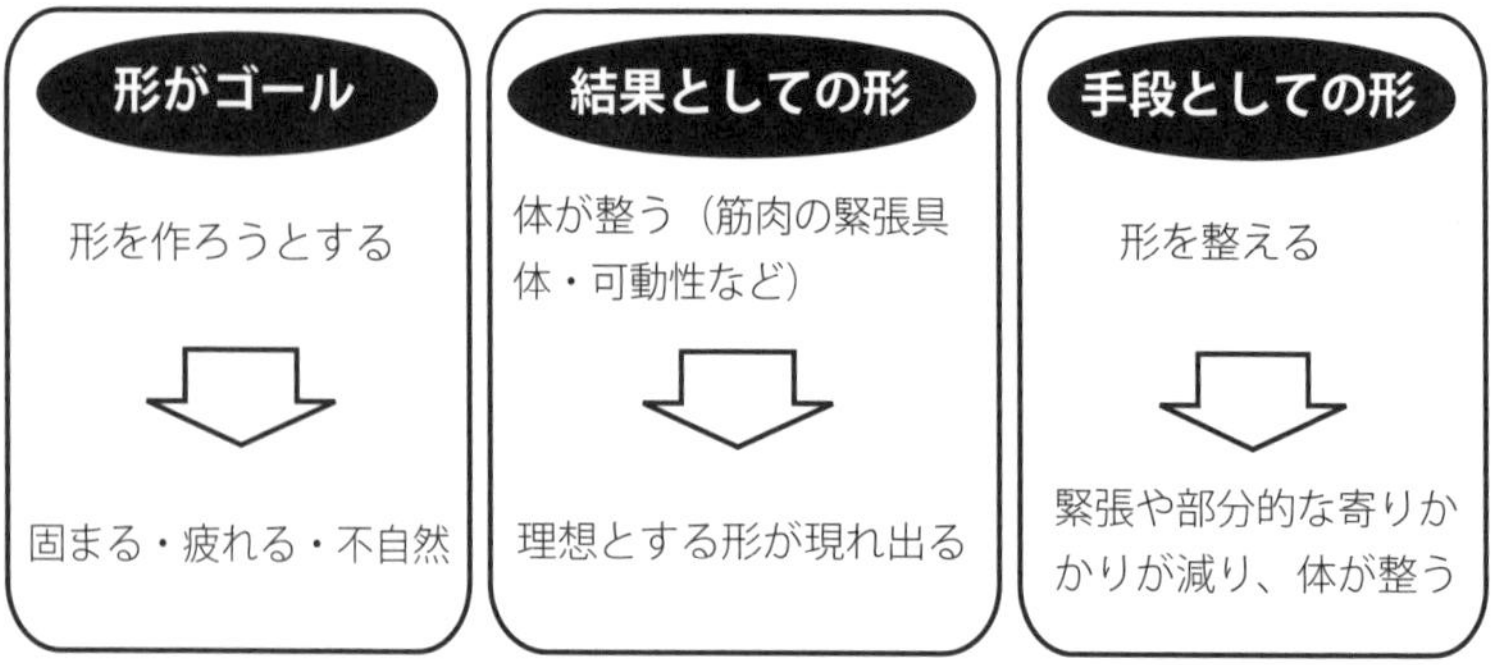

まいます。

とはいえ、形（配列）を整えることで、体が整うということもあり得ます。先に述べた、形を整えることを手段とする場合です。

例えば、体が大きく傾いた状態だと、姿勢を保つのに（倒れずにいるために）たくさんの筋力を要したり、体の一部に寄りかかり過剰なストレスが部分的に生じてしまいます。そんな時は配列を整えてあげることで余分な緊張が抜けたり、圧縮によるストレスを解放することができます。

ただ、場合によっては、配列が整っても体が傾いていた時と同じように体を固めていて、手段としての形になっていないことがあります。それでは形からの恩恵は少なく体は窮屈なままです。

様々な芸能や武道が型を用いますが、これらは手段としての形といえると思います。型には意味があり、型を用いることで動きとしての美しさを表現したり本来の（最大の）機能を発揮することができます。つまり、形（型）の先に、あるいはその背景に得られるものがあるわけです。しかし、形がゴールになっている方は残念ながら型が意図するものは得られません。

以上のようなことから、私は生徒さんから投げかけられる「これは正しい姿勢ですか？」という質問に対して慎重に対応するようにしています。その人にとってその言葉が何を意味するのか、形だけに意識が向いていないか、形がゴールになっていないか、そこを紐解くようにしています。

もう一度言いますが、形が悪いわけではありません。大切なことは、形がゴールではなく、結果または手段であるということです。形が整う＝体が整う、ではなく、体が整う→形が整う（結果としての形）であり、形を整える→体が整う（手段としての形）です。形にこだわっている時、つまり「形」がゴールになっている時、形によって得られるものはありません。あったとしたら息が詰まる、疲れるなどではないでしょうか。

まとめ

・〝正しい姿勢〟の落とし穴の一つは「形・見た目へのこだわり」です。
・形をとることだけに必死になっていると、体は緊張して固まってしまいます。
・形を整える＝体を整えるではありません。体が整うから形が整うのであり、形を利用して体を整えることができるのです。

コラム

○頑張り屋は損をする⁉　～足し算と引き算のバランス

姿勢を正そうとするとき、多くの人は動員する筋肉を増やそうとしがちです。必要な動員は助けになりますが、過剰な動員は過緊張を生み、いわゆるブレーキがかかった状態となるため身動きが取りにくくなります。

昔、学校で「気をつけ」を叩き込まれた方の中には、筋肉はより使う方が良い、体を緊張させることは良いこと、という固定観念が知らず知らずのうちに植えつけられているので、体を整えようとするとどうしても筋肉を使うこと（足し算）だけをしてしまいます。しかし、余分な緊張は手放すこと（引き算）が必要です。

つまり、大切なのは足し算と引き算のバランスです。二つのバランスがうまくとれたとき、理想とする姿勢が現れ出ます。足し算ばかりに気を取られていたという方はぜひ、引き算のアイデアを念頭にいれるところから始めてみてください。

3 「正しい」に潜む落とし穴

〝正しい姿勢〟という言葉が持つもう一つの落とし穴は、「正しい」という言葉に起因するものです。前項でお話しした形へのこだわりは「姿勢」という言葉からやってくるものですが、「正しい」「間違い」、あるいは「良い」「悪い」といった形容詞にも注意を払う必要があるように感じています。

私たちはこれが正しいと思うとき、それを唯一の正解、残りは全て間違いと捉えがちです。しかし、人は常に動いているもので、動きに唯一のものはありません。同じように見える動きや姿勢（静止位）であっても常にゆらいでいます。もしこれが唯一の正しい姿勢と思うと、やはり人は自分自身をその形に閉じ込めようとして固まってしまうのではないでしょうか。

また「正しい」があるということは「正しくない」「間違い」が存在し、どうしても自分自身をジャッジしてしまいます。すると、正しいことをしようとして力んでしまう人もいれば、間違ったことをすることに対して恐怖や自己嫌悪を感じる人もいて、いずれにせよ自分や自身の体にプレッシャーを与え窮屈になってしまいます。また正しいことをしたいという欲求から自分の体に過剰に意識を向けコントロールしたくなる人もいます。すると体は不自然でぎこちなくなってしまいます。

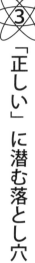

私の生徒さんの中に、ご自身に対してとても厳しい方がおられます。レッスンを通じて体は良い方向に変化していっているのですが、その方はうまくいっていないところばかりに意識が向いてしまい、良い方向に進んでいることを受け入れられないことが多々ありました。また、体に悪いところがないか監視するのが習慣化していて、体の不快感や不調を過敏に受け取ったり、ご自身の体を部分的に過剰にコントロールしようとしてしまっているように見受けられました。

ご自身としては、体を良くするために一生懸命に体と向き合っておられるのですが、「できていない」「ここがダメ、あそこが悪い」と繰り返し言われ監視される体さんを気の毒に思ってしまいます。

同時に、体のことを常にジャッジしているご自身も苦しんでおられ、もっとリラックスして体と向き合えば、体はもっと良い方向に進んでくれるのにというのが本音です。

もちろん、この方に「この姿勢が正しいですよ」「これは間違いです」などという言葉が助けにならないのは言うまでもありませんが、「もっとリラックスして体と向き合っていけば大丈夫ですよ。良くなった部分を見てあげましょう」と言えば助けになるかというと、そうは思いません。この方は、長年にわたり体の不調に苦しみ、自分の体の何が間違いか、何を改善すべきかと悩み、あらゆる治療やエクササイズを試みた方で、そんな方に対して軽々しく発するべき言葉とは思いませんし、特に関係性が築けていない時期にそんなことを言っても、意味のある言葉として届かないはずです。

ただ、ご自身の体を改善したいと強く望むこの方にとって必要なメッセージを届けることも大切です。関係性が深まり、体がある程度変化し、適切なタイミングだと感じたとき、こんなお話をしました。「体はこれが正しい・間違い、今できている・できていない、という明確な線引きができるものではなく、より望ましい方向に向かっているか、その逆に向かっているかと考える方が適切なのではないでしょうか。そして、より望ましい方向に向かうことをご自身の中で大切にしてはどうでしょうか」。

私は合氣道を学んでおり、例えば立ち姿（立位）などの基本姿勢を繰り返しお稽古しますが、完璧にできた、ということはありませんし、この先も一生ないでしょう。できることは、ただその質を高めていくこと、到達点がない永遠に続く道を前進と後退を繰り返しながらただ先を目指して進んでいくことです。5級は5級なりの成長があり、初段には初段なりの成長があり、小さな変化であっても良い方向に向かっていれば正解（前進）といえます。ですから、完璧でないことを許し、小さな変化を認めてあげることが、体と向き合う上で大切なことだと思います。

それは言葉で言うほど簡単なことではありませんし、私自身も頭では分かっていても実際のところできていないことが多々ありますが、体と良好な関係性を築く上で大切だと思いますので、ぜひ心がけてみて欲しいと思います。そして、体を監視するのではなく見守り、時に忘れる（良い意味でほっといてあげる）ことも必要かもしれません。

外で自由に遊びまわっている子供が自然に動いている理由の一つは、彼らが自身の動きが正しいかどうか考えていないからです。もちろん、私たちがいつも体に対して無意識でいることが良いこととは思いませんし、特に動きの習慣を変えたい時は自身の動きに注意を向けることは必要です。しかし、安易に「正しい」「間違い」という言葉に自身を押し込めてしまわないことが大事なのではないでしょうか。

まとめ

- 「正しい」という言葉は自分自身をジャッジし、体をコントロールしたくなります。
- 安易に「正しい」「間違い」という言葉に自身や自身の動きを押し込めないようにしましょう。

コラム

○姿勢が整ったかは形以外でも評価する

多くの人が自身の体が整ったかどうかを形（見た目）で評価しがちです。先にお話ししたように、形は体が整った結果として現れるので、形(見た目)を一つの指標として用いることは間違いではありませんが、個人的には形以外のものを指標にすることが望ましいように思っています。

その理由は、形へのこだわりは多くに人にとって想像以上に根強く、整った形を目にするとどうしてもそれを保持したくなるからです。また、眼は本来自分ではなく世界を観察するために用いられるものであり、自分の姿を外からチェックすることは鏡などを利用した環境に限定されています。

では何を指標にするのか。それはその時々で異なるでしょうが、例えば、呼吸が楽になった、視界がひらけた、世界がよくみえる、体が軽くなった、地に足がついた、いつもの動作がより楽にうまくできた、何かにチャレンジしたくなる気持ちが湧いてきた、心が静まった、など、形以外の指標で評価してみるのはいかがでしょうか。

どれがあれば正しいということではなく、その時々で自分がこんな風に感じているんだなとやってくる感覚に気づくぐらいでちょうどよいように思います。これが正しい、間違いと頭だけでジャッジせず、自分自身全体に気づいてみてください。

4 〝正しい姿勢〟は人それぞれ？

「姿勢」「正しい」、それぞれの言葉からやってくる落とし穴を紹介しましたが、そもそも〝正しい姿勢〟はあるのでしょうか？

前項でも述べたように、動きにはゆらぎがあり、人は常に動いている存在であることを考えると、厳密には唯一の正しい姿勢はないと言った方が適当かもしれません。教科書的には理想とする静止姿勢（形・配列）があるのは事実ですが、少なくともそれを唯一の位置と考えず、ざっくりとしたイメージで捉えている方が、先に挙げた落とし穴に陥らずに済むように思います。

また別の視点においても、実は「正しい姿勢」「良い姿勢」は人それぞれ異なり、唯一の正しい姿勢はないのではないでしょうか。例えば、私がいうところの正しい姿勢は（個人的には「正しい」という言葉は好きではありませんが）、人間に生来備わっている機能やその人の持つ最大限の能力が発揮できる状態、無駄が少ない自然な動きと表現できるかもしれません。一方、モデルさんだったら、足が長く見える、あるいは洋服が見栄えする状態、グラビアアイドルだったら体の凹凸を目立たせるような姿を正しい姿勢というかもしれません。また、思春期の不良に憧れる青年だったら非対称性やねじれを強調したような動きが理想かもしれません。ちなみに、「トップガン」という映画でトムクルーズが演じたアメリカ海軍の戦闘機パイロットにとって上官と向き合うときの正しい姿勢は、胸をめいっぱい持ち上げ、腰を過剰に反った、体に負担のかかる姿勢です。つまり、「正しい姿勢」の意味合いは個々によって異なり、体にとって優しい機能的な体とは限らないということです。そして同じ個人であっても誰とどんな場所でどんな状況でいるかでも異なるかもしれませんし、年齢や時代とともにその意味合いは変化していくのではないでしょうか。

個人的にはそれはそれで良いように感じています。体に優しい機能的な動きだけが善ではないでしょうし、体に優しくないことがその時のその人にとって意味があることはあります。食事と同じです。甘いものやたまの贅沢な食事は体にとって良くないかもしれませんが、それによって日常の中にちょっとした喜びを感じられたり友人とのコミュニケーションにつながったり、何か頑張る糧となっているとしたら、その人にとって無駄とはいえません。

また体が窮屈で痛くても、自分が理想として思い描く自分を表現したいときがあります。デートの時に、足の痛みを我慢しながらハイヒールを履いたり、寒さを我慢してミニスカートを着たいときもあるはずです。他人が簡単に悪・間違いと結論づけることはできません。ただ、体がいつまでも私たちの欲求に応えられるわけではないのも事実です。歳を重ねるにつれ、体は変化し衰え不調に悩まされることもあります。自分の体に優しくありたい、そんな風に思ったら、その時は自分の中の「正しい姿勢」の意味合いを見直し、新しく体の使い方を学び直すときなのではないでしょうか。

まとめ

・正しい姿勢（理想とする姿勢）は人それぞれ。職業や年齢、性別、置かれた状況などによって異なり、常に体に優しい動きとは限りません。
・体に優しくありたいと思った時は、「正しい姿勢」の意味を見直し、体の使い方を学び直すときです。

コラム

○日本女性のキュートな⁉脚

ドイツ人のアレクサンダー・テクニーク教師の友人が日本に遊びにきた時のことです。一緒に商店街を歩いていると、「なんで日本の女性の脚はあんなに捻れているの？」と彼女が尋ねてきました。前を歩く若い女性の二人組に視線を移すと、どちらの脚もパターンは多少違うものの内側に捻れ、本来の脚とは異なる見た目（使い方）をしていました。私自身、日本と海外

を行き来するようになって以降、日本人女性、特に若い世代の女性に対して同じような印象を受けていたので、共感できる人が現れたことを半ば嬉しく思いながら、「あの脚は女性らしさという価値観からやってきてると思うのよね。日本の若い世代にとって女性らしさとはCute(キュート、かわいい)で、その象徴があの足なんだと思う。アイドルもアニメキャラも同じように足を捻ってるしね」、そんな風に答えました。

友人はちょっと不思議そうな表情を浮かべた後、通り過ぎて行く若い女性たちの脚を興味深そうに観察していました。そして、二人で商店街を進んでいき靴下屋さんに入ったところ、壁に貼られたポスターが目に飛び込んできました。靴下を紹介するポスターでしたが、そこに描かれた脚もしっかり捻られていました（笑）。「ほらね!!」とドイツ人の友人に指差して見せると、彼女は目を丸くして驚いたあと、私の顔をみて本当だ！と言わんばかりに笑っていました。

靴下屋を出たあと、私は彼女にこんな質問をしました。「ドイツでは女性らしさを何と表現するの？　例えば日本の若い女性だったらキュートでしょ。昔の日本人女性ならおしとやかとか。アメリカはセクシーとかそんな印象もあるけど」。すると彼女はちょっと考えて一言、「強さかな」と。

強さ!?（驚）

意外な回答でした。日本人にはあまりない感覚なように思います。日本人は、儚さや繊細さ、か弱さみたいなものに美徳を感じる傾向があるように思いますし、強さという価値観、しかもそれが女性らしさにおける価値観としてあがってきたことには驚きでした。確かに私のイメージするドイツ人、少なくとも周りにいる人たちに弱々しさを感じる人、あるいは弱々しさを表現しようとしているのを感じる人は思い浮かびませんでした。どちらかというと左右対称でどっしりとしたイメージです。そして、視線を彼女の姿に移すと、なるほど…と変な納得をしてしまいました（笑）。

もちろん、日本の女性すべてがキュート（可愛らしさ）に憧れているわけではありませんし、ドイツ人女性全員が強さを女性らしさとして捉えているわけではありません。あるいは、日本人女性の捻れた足がすべて女性らしさに起因したものではありません。女性らしさ（キュート）の表現として捻れている人とそうでない人がいます（私にはその違いを感じる時がありますが、それをどこで見分けているのかは自分でもよく分かりません）。また昔の女性のように衣類（着物）の影響を受けている方もおられるかもしれませんが、若い女性は着物を着る機会がほとんどありませんし、個人的には、彼女たちの脚の捻れは着物の影響は少ないように感じています。

ここで言えることは、国によって価値観やアイデアは違えども、性というものが私たちの体や動きに影響しているということです。女性だけでなく男性も同じです（もちろん全員ではありませんが）。私自身、これを表現の自由として捉える一方で、動きを改善したい方には性と動きの関係を理解していただくことが大切なように感じています。そして、自身の動きの中にみられる女性らしさ、男性らしさを手放して良いと思えたら、女性でも男性でもなく哺乳類の体を目指して動きを再学習していってほしいと思います。きっとそこには別の美しさがあるはずです。

5 〝正しい姿勢〟の落とし穴から抜け出すための言葉

私のレッスンに来られる方の中に、「正しい姿勢ですか?」という言葉を発し、その落とし穴にはまっている方は結構おられます。そんなときは、先に述べたような落とし穴について理解いただき、ご自身の言葉の定義を書き換え、私とその方の間で共通した意味を持つようにしていくのですが、それでも長年使っている言葉は思っている以上にその意味合いや印象がその人の中に根付いているのを経験します。

頭では〝正しい姿勢〟の落とし穴について理解されているのですが、特に「姿勢」という言葉に反射的に反応し、どうしても形にこだわってしまう、固めてしまう、留めておきたくなる、ということがあります。ですから、言葉の定義や意味合いを改定していくことも大事ですが、個人的には「正しい姿勢」という言葉をなるべく使わないようにしています。そして、馴染みのある言葉から馴染みのない言葉へと置き換えるようにしています。

例えば、「正しい」の代わりに「自然(ナチュラル)」、「姿勢」の代わりに「動き」を用い、「自然(ナチュラル)な動き」あるいは「自然体」といった言葉を個人的には好んで使っています。英語で「natural: ナチュラル」とは〝自然の〟という意味以外に、〝生まれながらの〟という意味があり、人間に生来備わっている機能ということになります。また、姿勢＝形というイメージが強いので、それを「動き」に変換することで、体を固めて留めておこうとすることを減らせられるように思います。〝正しい姿勢〟だと疑問も持たずにカチッと体を固めてしまう方でも、「ナチュラルな動き」とか「自然体」という言葉を用いると、固めている自分は明らかに不自然であり、おや？と一づきやすくなります。

他の言葉としては、「等身大」という言葉も個人的には気に入って使っています。等身大はありのままの姿、本来のサイズ（大きさ）、飾ったりおとしめたりしていない、といった意味があり、ナチュラルに近い印象を受けます。そして、余分なものが加わっておらず、人間本来の機能が発揮できている状態を表現する代名詞として個人的にはしっくりきます。また等身大は、体を超えて精神面、その人の在り方も含まれるという点も気に入っています。

「自然（ナチュラル）な動き」「等身大」、どちらの言葉も、「姿勢」に比べると体のことを表現する言葉として馴染みが少なく、言葉の背景にある意味合いがあまり根付いていません。そのため体や動きに関して自身の思い込みにとらわれず、体や動きの癖を変化させていきやすいように感じています。

言葉は言葉以上の意味、背景を持ちます。そして言葉は体・動きに影響します。邪魔することもあれば助けにもなることもあります。姿勢の代わりにしっくりくる言葉が見つかったら、ぜひ自分に使ってみてください。そしてどんな風に体が反応するか観察してみてください。もちろん「姿勢」という言葉が自分にとって良いという方はぜひ使ってください。

まとめ

・長く使用している言葉は、その定義や意味が根強く染みついていて、無意識のうちに体は反応してしまいます。そのため、定義や意味の見直しや書き換えも大事ですが、新たな言葉を用いることも有効です。
・「正しい姿勢」の代わりに、「ナチュラルな動き」「自然体」「等身大」といった言葉を使ってみてはどうでしょうか。あるいはご自身にしっくりくる言葉を見つけてみてください。

コラム

○ 〝擬態語〟で動きを変えてみよう

私たちの動きは、言葉はもちろん音からの影響も受けています。試しに、自分で「シャッキ」あるいは「ピシッ」と言いながら立位姿勢を整えてみてください。このとき、「シャッキ」や「ピシッ」の音はキレが良い感じで素早くはっきりと言ってください。どうでしょう。体は音が示す

感じと同じように緊張感が増したかと思います。

普段体を整える際に筋肉の緊張を手放そうとする人も、この音の時はそれが難しく、自然と筋肉は動員する方向に働いたと思います。次に、柔らかい声のトーンで「ふわぁーっと」と声を出しながら、意識的に筋肉を緊張させ〝気をつけ〟のような姿勢を取ろうとしてみてください。意外と難しくて、「シャッキ」「ピシッ」と言ったときのようにできなかったと思います。それだけ私たちの動きは言葉や音に反応しているということです。

ではいまの自分の体の状態（姿勢）を音・擬態語で表現するとどんな言葉が当てはまりますか。「気をつけ」のような過緊張ぎみな体の方は、シャッキ・ピシッ・バシッ…などの言葉が当てはまるかもしれませんし、休日で気が抜けた状態の方だと、ダラーン、ぐてー、どしーっ、などでしょうし、いい感じでリラックスしながらも気が通った体の方なら、ふわぁー、スーッ、シーン、などの言葉がしっくりくるかもしれません。

もちろん、声の状態（音が高いか低いか、硬いか柔らかいか、弾みがあるかないかなど）や、音の速さによっても変わりますが、それも含めて体の状態を表現することができると思います。

もし自分の姿勢にいつもと違うクオリティが欲しかったら、いつもの姿勢を表現する音と異なる質をもつ音を利用して体を導いてみるとよいかもしれません。例えば、体を固めて重さを感じている、それを音にすると「ドシッ」が当てはまるという方であれば、「ふわぁー」や「ホワーン」という音を柔らかい声で体に言ってあげると体に変化が起こるかもしれません。ぜひ実験してみてください。

おまけ

体の不思議～ズレた感覚と鏡の話

私たちには自分の体がどんな状態にあるのか、どんな風に動いているか感じるための感覚が備わっています。これを医学的には固有感覚と呼びます。例えば、目を閉じていても、自分の手がどんな形をつくっているか、空間においてどこに位置しているか、どんな風に動いているか感じることができます。

この感覚は私たちが自身の動きを知るということだけでなく、実際に協調した動きをしたり、動きをコントロールするのに役立っており、病気や怪我でこの感覚を失ってしまうと、自分の体がどんな風になっているか分からず、思うように体を動かすことができなくなります。

では、病気や怪我をしていなければ、この感覚を頼りに体を整えられるかというと、そうとも言い切れません。なぜなら、この感覚は多かれ少なかれズレているからです。壊れたコンパス(北を指さないコンパス)を頼りに北を目指しても北に向かえないのと同じで、ズレた感覚を指標に体を整えても行き着く先はズレてしまいます。

例えば、立位姿勢。みんな傾いて立とうと思っていませんが、大抵いずれかの方向に多少なりとも傾いています。しかし、私たちの多くはそれをまっすぐに立っていると認識し、自分にとってはしっくりくる馴染みのある感じとして捉えています。もし普段、後方に傾いている人がいわゆる直立(垂直)の姿勢になると、仮にそれが理想とする状態だったとしても、多くの方が前に傾いていると感じてしまったり、普段との違いから違和感として認識してしまいます。中には、間違っているとして感じてしまうこともあります。するとどうでしょう。自分にとってまっすぐだと思う方向、しっくりくる正しいと感じられる方向に戻ろうとしてしまい、習慣的な体の使い方になってしまいます。

つまり、内側から自分の体を感じる感覚は、動きの調整や学習に必要であるのは事実ですが、それを頼りすぎると（信じすぎると）間違ってしまう可能性があるということです。

もちろん、この感覚のズレの程度は人それぞれですし、ある程度、トレーニングによって高められると個人的には思っています。合氣道や太極拳、ダンス、どんな分野でもそうですが、初心者のクラスではこの感覚のズレが顕著に観察できます。

生徒の皆さんは、先生の動きを真似しているつもりなのですが、同じ動きとは思えないようなぐらいバラエティに富んでいることがあります。それだけ感覚がズレている、もしくは、見本となる指導者の動きを見ることや自身の体を動かすことに一生懸命で自分の動きを内側から感じ取れていないということです。その点、プロのダンサーが一度見本の動きを見ただけでかなり精度の高い状態に再現できるのは、感覚のズレが少ない由縁でしょうが、それでも全くズレがない方はおられないのではないでしょうか。

この感覚（固有感覚）を必要としながらも信頼しすぎないために、そして、実際の動きと自分が感じている動きの誤差を埋めるために、鏡などを利用することが時に有効だと思います。私自身、生徒さんや患者さんがご自身の感覚を目安にして誤った方向に体を整えようとしている時や、体が望ましい状態に変化したにもかかわらずご本人が納得できない場合は、一時的に鏡をみていただき、自身の感覚がズレていること、その感覚を鵜呑みにしてはいけないことを理解していただき、新しい体の使い方やそれに伴う違和感を受け入れやすくするようにしています。

またビデオも時に有効です。撮影の角度によって普段は自分で見ることができない体の部分を観察できたり、再生速度を変えることでより詳細に観察できるといったメリットがあり、自分の内側からの感覚だけでは気づかない自分の体の使い方に気づくことができることがあります。できているつもりになっていた時（できている感覚を得ていた時）は、ビデオを見てショックを受けることもあるかもしれませんが、それはそれで大事なことだと思います。

一方で、鏡の利用は動きの学習において助けにならないこともあり、個人的には終始鏡を利用することはあまりお勧めしません。私自身は、ここぞという時に限定的に使うようにしています。理由はいくつかあります。一つは、鏡を目にすると、すぐに形・見た目に意識が向いてしまうからです。

以前働いていた病院のリハビリ室で、平行棒の先に何の意図もなく鏡が置かれていることがありましたが、鏡を前に立位練習をする患者さんは、誰からの指示がなくても胸を引き上げてみたり、背筋を伸ばそうとして形を整えようとします。そして疲れては虚脱し崩れて、また頑張ってを繰り返す、ということが起こります。したがって、私は患者さんの視界に鏡があれば面倒がらずに移動するようにしていました。

二つ目の理由は、鏡を利用すると、内側から感じる能力（固有感覚からの情報入力）が低下し

てしまうからです。視覚はパワフルな感覚なため、鏡を頼りにしながら自分の動きを調整していくと、自分自身がどのように動いているか内側から感じることを妨げてしまう可能性があるように思います。それは感性を繊細にするどころか鈍感にしてしまいます。病気で感覚が低下した方や動きのコントロールが難しい方にとって視覚代償を用いること（眼で動きを助けること）は有効だといえますが、パフォーマンスを向上させたい方にとって、終始自分の動きを見ながら動きを調整することは望ましくないように思っています。

三つ目の理由は、視覚は本来自分の動きを観察するのではなく、世界を見るためのものであり、鏡を見ながら学習した動きが、実際の動き（鏡がない状態での動き）に反映されるかは疑問があるからです。これは私の経験ですが、合氣道で一人で行う剣技や杖技というものがありますが、スペースの都合上、どうしても鏡と向き合って練習せざるを得ないことがあります。鏡に囚われずにと思いながら注意して練習をしていたつもりでも、しばらく鏡と向かい合った練習が続いた後に久々に鏡を見ずに行った際、違和感を覚えたり、鏡を見ていたときのように動きをうまくコントロールすることができないことに驚きました。

以上のことから、必要なタイミングと明確な意図をもって鏡を利用することは良いと思いますが、終始鏡を見ながら動きを学習することはお勧めしません。そして、実際に鏡を見ること（または見ないこと）でどんな効果が得られているか、あるいはどんな不都合が起こっているかに気づきながら柔軟に対応していくと、動作学習がより効果的にできるのではないでしょうか。

ちなみに、自分を内側から感じるために目を閉じるのはどうかという点ですが、パワフルな視覚をなくすことで、固有感覚からの情報が入ってきやすくなるのは事実ですし、自分の動きを感じとる能力が育っていない方は、一時的に目を閉じて自分を観察する練習をするのも良いかと思います。しかし、鏡を見ながら日常の動作ができないのと同じように、目を閉じながら動作をすることは非現実的ですので、目を開けた状態で自分の動きを感じ取り、望むように動けるようトレーニングしていくことが大切だと思います。

繰り返しになりますが、内側からの感覚の精度を高めることは大事ですが、一方でその感覚のズレは多かれ少なかれありますので、完全に拠り所にしないようにしましょう。

第2章

ナチュラル代表 赤ちゃんから学ぶ動き

1 赤ちゃんにあって大人にないもの

生まれたばかりの赤ちゃんは大人ができるほとんどのことができません。できることは泣くこと、排泄すること、呼吸すること、眠ること、食事をすること（ミルクをのむこと）など生命維持に必要なことが中心です。そこから徐々に動きを獲得し、寝返ったり、座ったり、ハイハイをしたり、立ったり歩いたりしていきます。またおもちゃを使って遊ぶことを学び、手の協調、手と目の協調などを獲得していきます。少しずつ指先の細かい動きを習得し道具を使えるようになっていきますが、やはり大人ほど複雑で細かい動きはできません。

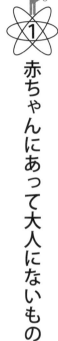

では体、動きという面において、赤ちゃん（子供）が大人に比べ劣っているかというと、そうとは言い切れません。彼らは、私たち大人の多くが失っている動きのクオリティーを持っています。それは彼らが学習によって習得したものではなく、生来人間に備わっている機能です。後天的に学習されたものや、発達した意識や思考などに邪魔されることなく、天然の動くための機能・デザインが赤ちゃんの中にみてとれます。

私たち人間には、成長とともに不必要となりなくなっていく反射などもありますが、この後紹介していく赤ちゃんがもつクオリティーは、大人にとってもあると良いもの、助けになるものです。よくトレーニングされたアスリート、武道家、僧侶などはその一部やいくつかを持ち合わせています。そんな風にいうと、赤ちゃんってすごいなっていう気がしませんか。ぜひ赤ちゃんから動きについて学んでみましょう。

注）ここから先、赤ちゃんという言葉を用いますが、0歳児のことを指すこともあれば、内容によっては2、3歳までの幼児を含む場合、5、6歳までの子供を含む場合があります。

2 体の質感〜筋肉をオンからオフへ

赤ちゃんの特徴はなんといってもぷよぷよ柔らかい体の質感です。その柔らかさは、見ているだけでほっこりし、触れてみたいという衝動にかられるほどです。

全身に柔らかい質感を持ち合わせた赤ちゃんは自由自在に形を変えることができます。ベビーカーの中で丸まっているかと思えば、床の上にだら〜んと広がることもでき、抱っこしてくれるお母さんの体に沿うようにしてスヤスヤ眠ることもできます。傍目からみると苦しそうな体勢でも、体を緊張させることなく柔らかい質感を保つことで心地よくいることができます。また体を重力に抗して支えている時や動いている時も同様で、寝ている時ほどのダラーンとした感じはありませんが、硬い質感というよりは柔らかい質感が感じられます。

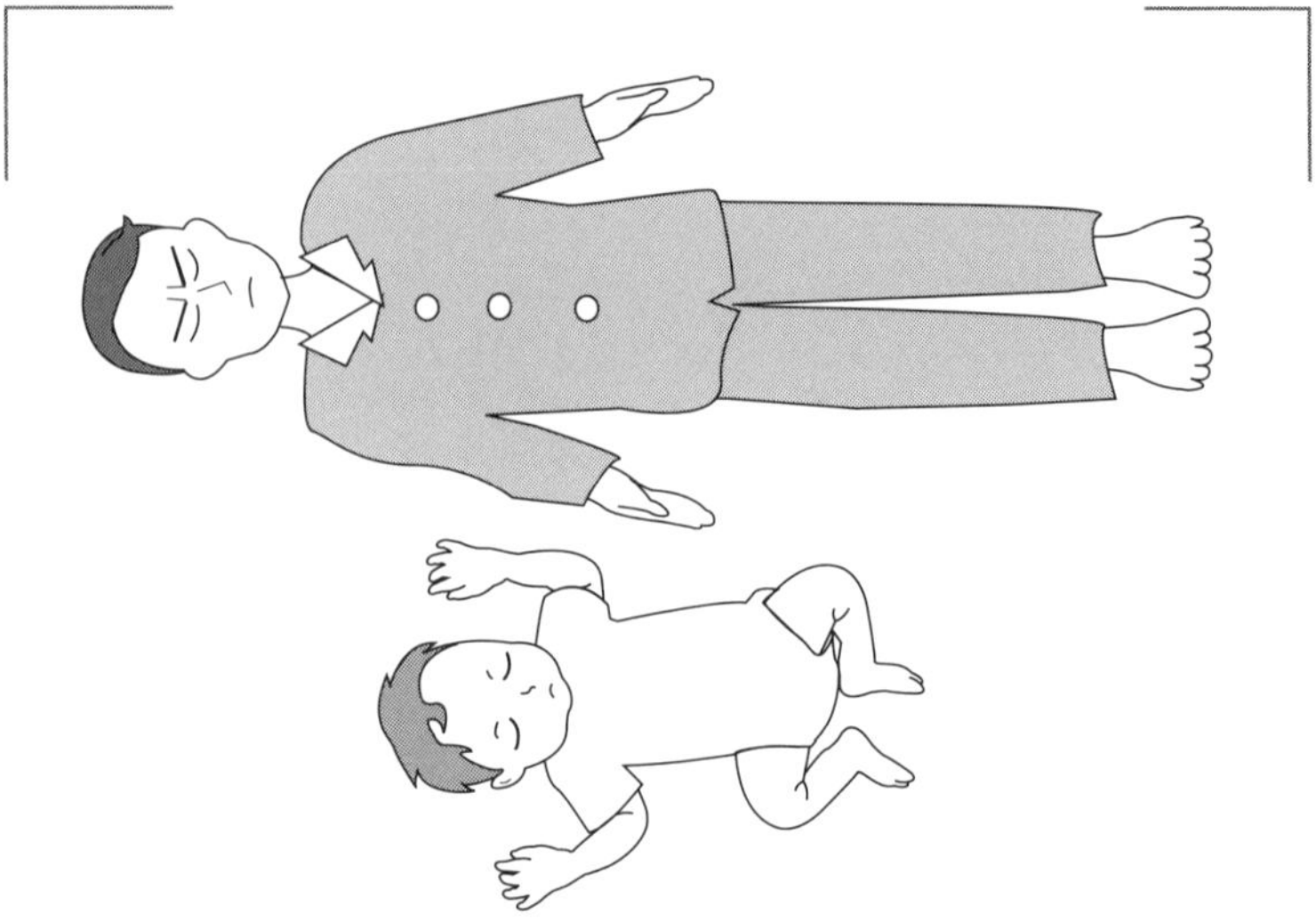

一方、大人はというと、柔かい質感を失いがちです。「気をつけ」のような正しい姿勢を取ろうとして、自ら体の質感をより硬い方向に導く人もいれば、硬い質感のまま無理に形を整えようとして頑張っている人もいますが、いずれも窮屈になるだけです。

質感を変えることでもっと楽に直立位など望む姿勢をとることができます。体を陶芸の粘土に例えるとわかりやすいかもしれません。陶芸をされる方ならご存知ですが、準備前の粘土はズシッと硬く、形が崩れることはありません。この状態で粘土をろくろに置いても好きな形に作り変えることはできません。最初にすることは、この硬い粘土に水を含ませながらこねることです。粘土が適切な柔らかさ、つまり適切な質感になっていれば、ろくろに乗せた粘土はわずかな力を加えるだけで好きな形に作り変えることができます。

人間の体も同じです。配列（形）の整った姿勢は一見物理学的に効率が良いですが、硬い質感のまま無理にその形にもっていこうとするとたくさんのエネルギーを要します。柔らかい質感を手に入れることができたら、わずかなエネルギーで望む姿勢をとることができ、楽に動くことができます。あるいは、柔らかな質感を手にいれた時には、体は自然と本来の楽な姿勢（配列）になっているかもしれません。

では柔らかい質感とは何かですが、これは関節の可動範囲が大きいことや筋がどれだけ長く伸張できるかとは異なります。ここでいう体の質感は筋肉をどれだけオンからオフにできるか、つまり、収縮（緊張）状態から弛緩（リラックス）状態に移行できるかです。

昔テレビ番組で、オリンピック候補になっている一人のスピードスケートの選手の特集をしていました。スピードスケートの選手といえば、ウエスト並みに太い太ももですが、その選手は太ももの筋肉をオンにし（力を入れ）、驚くほど硬く大きく盛り上がった筋肉を見せたあと、今度は筋肉をオフにし、軽く触るだけでプルンプルンと揺れる柔らかな筋肉を披露していました。筋肉をオンからオフ、オフからオンへ自由自在に切り替える能力、そして、オンとオフの変化度をみて、これがトップクラスのアスリートかと妙に納得したのを覚えています。当時の私は、体に関する知識がなく、筋肉は収縮するのが役割と思っていましたが、その番組をみて筋肉は収縮するだけでなく弛緩することが大切なのだと感覚的ながらも理解しました。

ただ、大人の多くは、アスリートのようにオンとオフを自由自在に切り替えられるかというとそうではありません。筋肉を必要以上にオンにすることに慣れてしまっているので、私たちが望もうともオフにすることが難しくなっています。また人によっては自分が筋肉をオンにし硬い質感になっていることに気づかないことも多々あります。すると、オフにしよう、柔らかくしようというアイデアすら浮かびません。完全にオフにする必要はありませんが、過剰な筋肉の収縮を緩めていくこと（オフの方向にしていくこと）、そして、柔らかい質感を得ることは、私たちが快適に動く助けになります。私たちはたいてい、重力に抗して体を支持したり体を動かすのに必要以上の筋肉を使っているので、余分な収縮を減らしていく（オフにしていく）ことが大切といえます。ちなみに、オンオフはスイッチ式のように2段階式で電源を入れる（オン）・切る（オフ）のようなものをイメージしても良いですし、徐々にライトの明るさが変化する回転式やスライド式のスイッチをイメージしても良いかと思います。ご自身にとってイメージしやすく体が反応してくれる方で構いません。

では、どうやって柔らかい質感を手にいれるかということですが、先に紹介したスケート選手のようにトレーニングされている体であれば、オフにする（筋肉を緩める、リラックスする、力を抜くなど）と思うだけでそうすることができますが、緊張することに慣れてしまっている方に

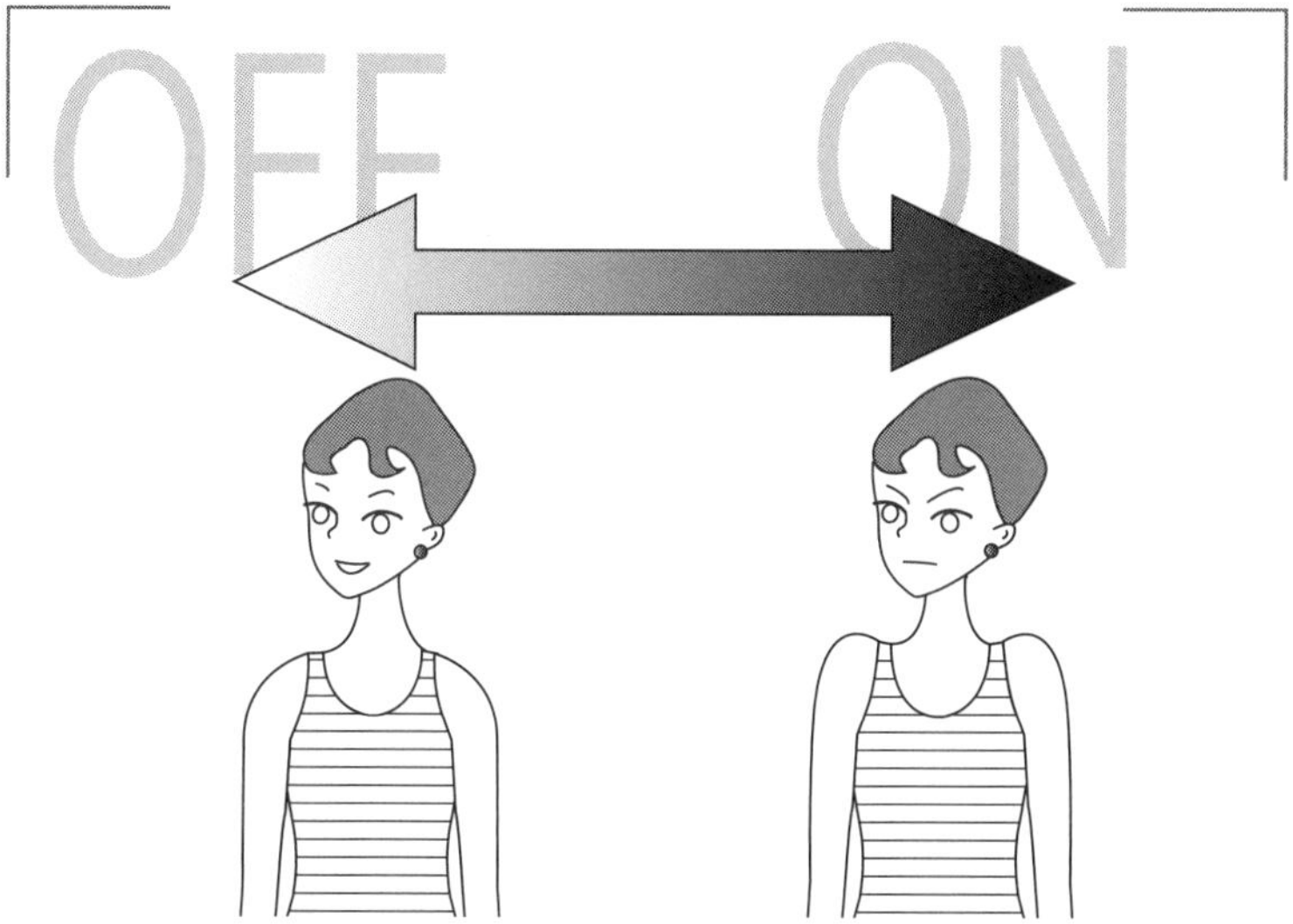

とってはそう簡単にはいきません。中には「力を抜くってどういうこと」「私、力入れていないけど」といったコメントが聞かれることもあります。そのような場合は3つの方法を試してみてください。

1つ目はこんな方法です。まず、いまある状態からオンを強め、筋肉をより収縮させていきます（回転式やスライド式のスイッチをイメージすると良いかもしれません）。限界まで強めることができたら、今度はオフ・緊張を緩める方向に移行していきます。

例えば、肩周りが緊張してすくんでしまうという方であれば、さらに肩周りの収縮を強めながら肩をすくめる方向に動かしていきます（オンの方向に）。限界までできたら今度はオフの方向にむかって、つまり緊張を緩めながら肩を下ろしていきます。特に自分が普段緊張しているかどうか分からない方、緊張を抜くとはどういうことか分からない方にはこの方法を用い、まずは自分でオンとオフができることを認識することから始めるといいかもしれません。

最初は十分に緩めることができないかもしれませんが、どれだけ緩んだかということより、オフの方向に向かっていることが大切です。繰り返しやっていくなかで、オンもオフもより深くできるようになると思います。また、人間は絶対的ではなく相対的に自分の体を捉えているので、緩んだ経験は、緊張した際に自分でそれに気づく助けになります。

2つ目は、骨を意識することです。1つ目の方法は直接筋肉に働きかけるものですが、それがうまくいかない方は、注意の向ける先・働きかける先を骨に変えることで間接的に筋肉を緩めることができるかもしれません。

体重を支えるに筋肉を使う必要があるという固定概念を持っている方は、筋肉が過剰に収縮していることがあります（特に脚や胴体にその傾向がみられることがあります）。筋肉が体重を支持するのに必要なのは事実ですが、その内側にある骨は建物でいうところの支柱の役割を果たしており、強靭な支持力をもっています。その骨を利用することで、筋肉が支えようとして頑張るのを減らすことができます。図に示したように床の上に骨を積み上げバランスをとるつもりで立ってみるとどうでしょうか。また、太腿の前や後ろの筋肉が過剰に緊張している方は、その筋

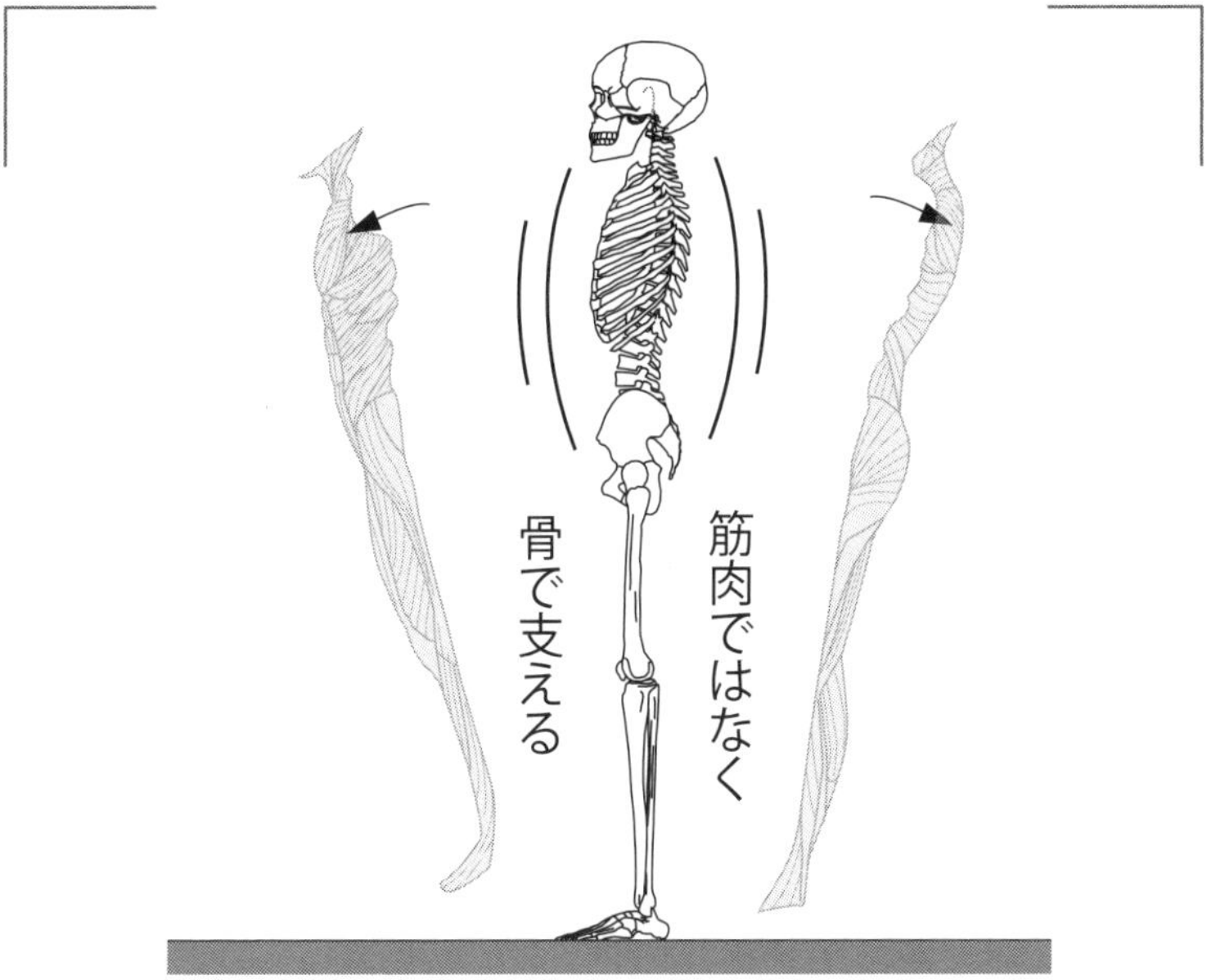

肉の後ろ側、あるいは前に骨（大腿骨）がある、その部分で支えると思ってみると、筋肉を緩められるかもしれません。ぜひ実験してみてください。

３つ目の方法はイメージを使います。例えば、海藻。自分が海の底にいる海藻になったと想像してみてください。穏やかな波が自分の周りに流れていて、その波によって自分が動かされることを想像し、体の自然な揺れを感じてみましょう。波に乗って実際にゆらゆら体が動いても構いません。海藻なので、あくまでも自分で動くのではなく波によって動かされる、そんなイメージを持つことが大切です。体全体に注意を広げ、乾燥わかめのように固まっている場所に気づいたら、

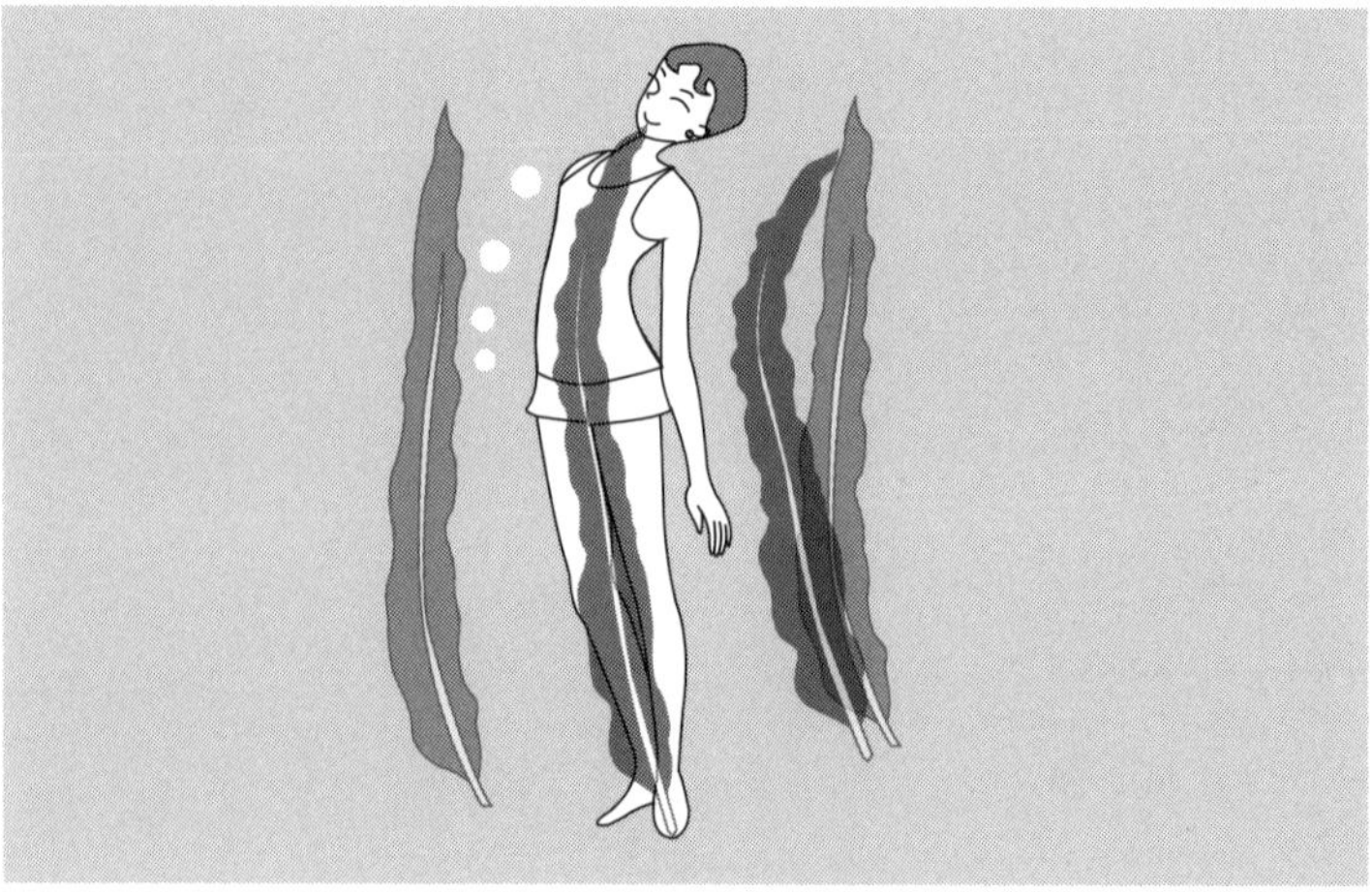

そこも海の中にいる海藻に変えていきましょう。先ほどは骨を意識していただきましたが、今度は自分の体の中に骨がない感じです。そして、波の大きさを変えながら自分に適した大きさをみつけていくといいかもしれません。そして、最後は波の大きさを小さくし、穏やかな海の底にいることを想像すると、側からみると静止していながら、普段より柔らかい質感の自分が見つけられると思います。パーフェクトでなくて構いません。いつもより柔らかい質感が得られればオッケーです。繰り返し練習する中で少しずつ柔らかさが増していくので焦らず欲張らずでやってみてください。そして、もし観察してくれるパートナーがいれば、しばらく自分でやってみた後に、まだここが乾燥わかめになっているよと教えてもらうのもいいかもしれません。教えてもらった部分にもイメージを広げて質感を変えていってみてく

ださい。

海藻以外に、チョコレートが溶けていくイメージや、トロトロに煮込んだ骨つき牛肉（ちょっと触れると骨からスルッと剥がれ落ちる柔らかな肉）のイメージを使うと、骨にしがみつく筋肉が柔らかくなっていくのを感じられる方がいらっしゃるかもしれません。自分に適したものを選んでください。ちなみに私のレッスンに来られた生徒さんは、腕、肩周りの緊張が減り、歩行で自然な腕の振りが得られた時の感じがオランウータンみたいだったことから、腕や肩周りの緊張に気づいた時にオランウータンをイメージして動くと緊張を手放すことができるとおっしゃっていました。別の方は、普段胸や腰回りをピシッと緊張させておられるのですが、それらの緊張を手放した時の感じが脂肪がいっぱいのぷよぷよに太ったイタリア人のおばさんを連想させるとのことだったので、それ以降体の緊張に気づいたら、ぷよぷよに太ったイタリア人のおばさんになったイメージをしてもらいました。すると、体の質感や動きが変わったそうです。

私たちの多くは自分の体に対して固定観念を持っており、その固定観念の中に体を押し留めています。それは体の質感も含んでおり、体とはこのぐらいの硬さだ、あるいは柔らかさだと思い込み、そうでない自分が想像できないでいます。すると、体はなかなか変化してくれません。しかし、イメージは自由なので固定観念の外にある状態に体を連れていってくれます。そして、イメージを介することで無理な頑張りがなく、私たちの体を繊細に変化させてくれます。力を抜こうとしても抜けない人、抜こうと意識するとかえって緊張してしまう方でも、イメージをうまく利用することでオフにすることができます。ぜひ実験してみてください。

まとめ

・赤ちゃんと大人の違いは体の質感の違い。赤ちゃんは柔らかい質感をもっています。
・柔らかい質感は、筋肉をオンからオフにする、収縮した筋肉を弛緩させることで得られます。
・筋肉をオフ（弛緩）させるための方法として、①いまある状態から徐々に筋肉を緊張させ、限界までできたら、今度は徐々に弛緩させていく（徐々にオンを強め、限界まで達したら徐々にオフにしていく）。②骨を利用する（意識する）、③イメージを利用してオンからオフに体を変化させていく、などがあります。

・イメージは体に対して持つ固定観念の外に体を連れ出してくれます。非現実的なものであっても構いません。

コラム

○動きを変える体感型イメージ

イメージ（想像すること）を通して体を変化させる際に大切なことは、何をどこでどのようにイメージするかです。

まず「何を」ですが、自分自身にとって容易にイメージできるものであること、自分が欲しい動きの質や変化をもたらしてくれるイメージであることが望ましいといえます。例えば、山に育ち海をみたことがない人にとって海を用いるのは不適切といえます。また海でも荒々しい日本海をイメージするのと、穏やかな流れがある海の底をイメージするのとでは異なります。

また「どこで」イメージするかですが、よく頭の中だけ、感覚的にいうと、頭上で絵を思い浮かべる方がおられますが、そうではありません。体全体、もしくは変化が起こってほし

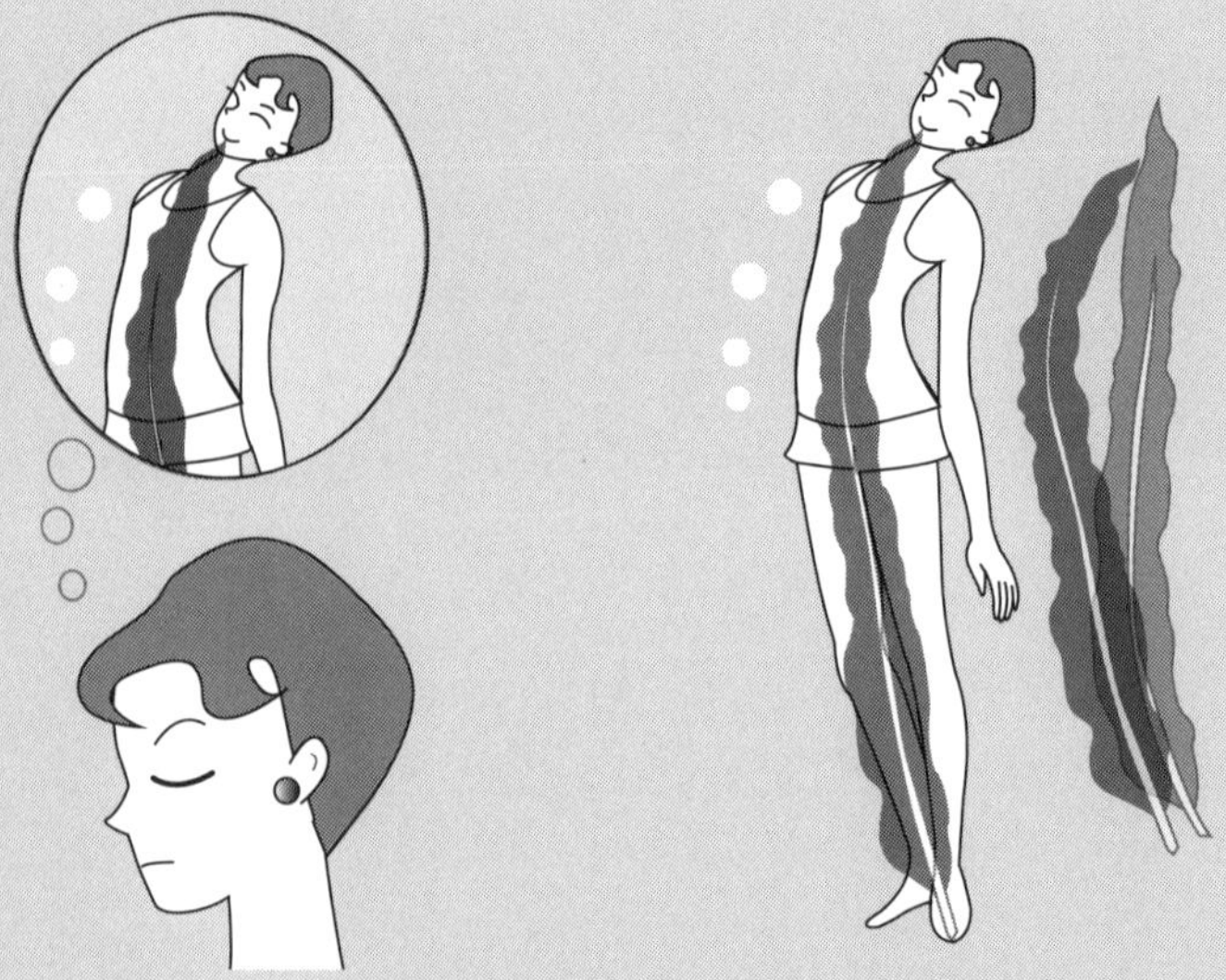

い体の部分でそれをイメージすることが大切です。また、自分の体の外にそのイメージを持ってくるのか、体の内側にイメージを置くのかによっても動きが異なってくると思います。

最後に、「どのように」についてですが、視覚を用いて映像だけをイメージするのではなく、あらゆる感覚を駆使して、そこに存在する動きをイメージすることが大切です。「何を」イメージするかということにも関わってきますが、例えば海を用いる場合、波には方向性や速度、タイミング、大きさ、動きの質(荒々しい、穏やかなど)があり、また、自分との関係性(例えば、波が自分に向かって押し寄せてきた感覚)が存在しています。それらを様々な感覚を通してイメージできることが大切です。ざっくりいうと、体感型イメージといってもいいかもしれません。

頭上で思い描くイメージは体と切り離されていますが、この体感型イメージは、イメージと体をつなぎ体や動きを変化させているといえます。何を、どこで、どのように、を組み合わせ、ぜひオリジナルの体感型イメージをみつけていってください。

3 動き出しに役立つ〝内なる動き〟

先ほどの質感の話と通ずる内容ですが、少し視点と表現を変えて紹介したいと思います。大人になるにつれ失いがちで、赤ちゃんにあるものは、「動き」です。赤ちゃんは24時間、動いている時も動いていない時も、常に動きが存在しています。この表現を聞いてピンときた方もいれば、はてなマークが飛びかった方、いろいろかと思いますので、この後、赤ちゃんが常にもっている「動き」について順を追ってお話ししていきたいと思います。

健康診断の問診票でどの程度動いているか（運動しているか）という質問があり、その回答には、週に何日、あるいは1日何時間などの選択項目があります。そこで意味する動きは、ウォーキングなどのエクササイズやスポーツなど汗をかくような動きのことで、デスクワークのようなものは動いていないと捉えます。しかし、動きを別の観点で捉えると二つに分類することができます。一つは「外なる動き」、もう一つは「内なる動き」です。

「外なる動き」は空間内を移動する動き、外からはっきりと見える動き、つまり皆さんがイメージしている動きです。たとえば歩く動作は空間の中を移動していますし、足が動いているのがはっきりとみてとれます。手を上げる動作も手が空間内を移動していますし、それを見て「止まっている」という人はいないと思います。

では「内なる動き」とは何でしょう。これは体の中で起こっている動きです。空間の中では動いていないけれど、体の中に動きが存在していることを言います。ピンとこない方には、内なる動きがある状態を「体を固めていない状態」、「静止状態」、内なる動きがないことを「体を固めている状態」、「停止状態」と表現した方が分かりやすいかもしれません。あるいは、内なる動きがない状態が氷だとすると、内なる動きがある状態は水と表現できます。そして、常に内なる動きが存在している代表は赤ちゃんです。ここに載せた赤ちゃんの写真。静止画にも関わらず、また赤ちゃんが空間内を動いていないにもかかわらず、動きがそこに存在しているのが感じられます。体のどこかを固めるでもなく、伸びやかかつしなやかで、どの瞬間でも動きだせそうです。

一方、私たち大人はどうでしょう。気づけば停止すること、固めることが常習化しています。パソコンに向かう時、信号待ちの時、電車の中で座っている時、私たちは気づけば動きが停止して

います。中には寝ている間に体が固まっていて朝起きたら体をほぐしてからしか起きあがれないとおっしゃる方もおられます。その反動もあって、外なる動き、つまりスポーツや体操などで体を動かし解放したくなるのかもしれません。

この内なる動きがなぜ大事かというと、一つはどの瞬間でも即座に動きだすことができるからです。停止している体は車でいうとブレーキがかかった状態、あるいはエンジンを切った状態なので、動き出しに時間を要し、素早く動き出すことができません。スポーツや武道をされている方ならすぐにピンとくるかと思います。もう一つの内なる動きが存在するメリットは、体に優しく省エネという点です。動きがあるからエネルギーを使っているんじゃないの？と思われるかもしれませんが、そうではありません。内なる動きがない状態、つまり停止している（固めている）体は、何もしていないようで実は無駄なエネルギーをたくさん消費しています。停止するために必要以上に筋肉を収縮させているので楽なようで疲れやすくなってしまいます。

ちなみに、全身を使って大きく動いていながら部分的に固めている（外なる動きの中で部分的に内なる動きが停止している）こともあります。そして、それを呼吸の変化として気づくことがあります。合氣道のお稽古の時、1回の技で呼吸が乱れることはありませんが、技を連続で何度も繰り返していくと息が上がってきます。これは運動における生理反応として普通のことではありますが、それでも今日はいつもより呼吸が苦しいなということがあります。特に試験など特別な状況におかれると力みが生じやすくなり、外からは全身が動いているように見えるのですが、内なる動きが部分的に制限され、呼吸が浅くなります。すると、動きが続くにつれ呼吸が乱れ、息苦しさとして現れてきます。ですから、普段より呼吸が乱れているなと気付いたときは、無理に呼吸を整えようとするのではなく、どこか固めている部分はないだろうかと自身に注意を向け、よりリラックスするように心がけています。

武道において息づかいは大切です。呼吸の乱れは隙ができてしまいます。かといって、呼吸を小さくしようと肋骨のあたりを固めてしまうと、かえって呼吸の乱れを誘発しますし、手足の伸び伸びとした動きを制限してしまいます。これはダンサーやアスリートにおいても同じことが言えると思います。特に、体幹の軸を意識しすぎて胸やお腹を固めてしまうと呼吸を妨げてしまうので注意が必要です。安定は必要ですが、固めてしまうと動きを制限してしまいます。

赤ちゃんや小さな子供が周りにいる方はぜひ観察してみてください。起きている間は外なる動きはもちろんですが、つかの間の静止の際にも動き（内なる動き）が感じられるはずです。もちろん寝ている際もそうです。それに比べ大人は内なる動きが少ないことが観察できると思います。特に高齢者の方は内なる動きだけでなく外なる動きも減ってくるので、本当に動く機会がないといってもいいかもしれません。

まとめ

- 動きには2種類あります。「内なる動き」と「外なる動き」。
- 外なる動きは、空間の中を体が移動すること。いわゆる見える（見えやすい）動き。
- 内なる動きは、体の内側の動き。慣れていない人にとっては外から見えにくい動き。
- 内なる動きがあることを「静止」、内なる動きがないことを「停止」、例えるなら前者が水で、後者が氷。
- 内なる動きがあるとは、動く準備ができている状態かつ省エネで疲れにくい状態。

コラム

○内なる動きを見つける「二分の一法」

外なる動きは動く気さえあれば得られますが、内なる動きの獲得は容易ではありません。じっとしている状態で（外なる動きがない状態で）、「動け‼」と思っても動きはおこりません（笑）。ではどうしたらそれを経験できるか。一つの方法として、私が所属している心身統一合氣道会で行なっている「二分の一法」というのを紹介したいと思います。

「二分の一」とは分数の二分の一のことですが、ある大きさのものを二分の一、つまり半分にしていくことを繰り返してもゼロにはなり得ません。無限に小さな値になっていくだけです。その原理を利用すると、外なる動きを半分の大きさにしていくことを繰り返すと、どこかの時点で外からは動きが見えなくなりますが、そこには無限小の動きが存在しているといえます。これが内なる動きであり、静止です。

例えば、座っている状態で、胴体を左右にゆっくり動かしてみます。繰り返す度に動きの大きさを半分にしていきます（厳密でなくても大丈夫です）。動きがどんどん小さくなっていきますが、停止することはありません。自身の体の内側に無限小の動きが起こっている、そんな風に思って静かになっていく体を感じてみてください。

腕が緊張しやすい人は、立った状態で体側に垂らした手を、濡れた手の水を払うようなつもりで振ってみてください。その動きも先ほどと同じように半分にしていくことを繰り返します。

無限に小さくなった動き、静の中の動が感じられるかもしれません。そして、ぜひやっていただきたいのは、体の動きと一緒に、心のざわつきもどんどん小さくなっていく（二分の一を繰り返し無限小になっていく）、と思うと、静まった心身が得られるのではないでしょうか。

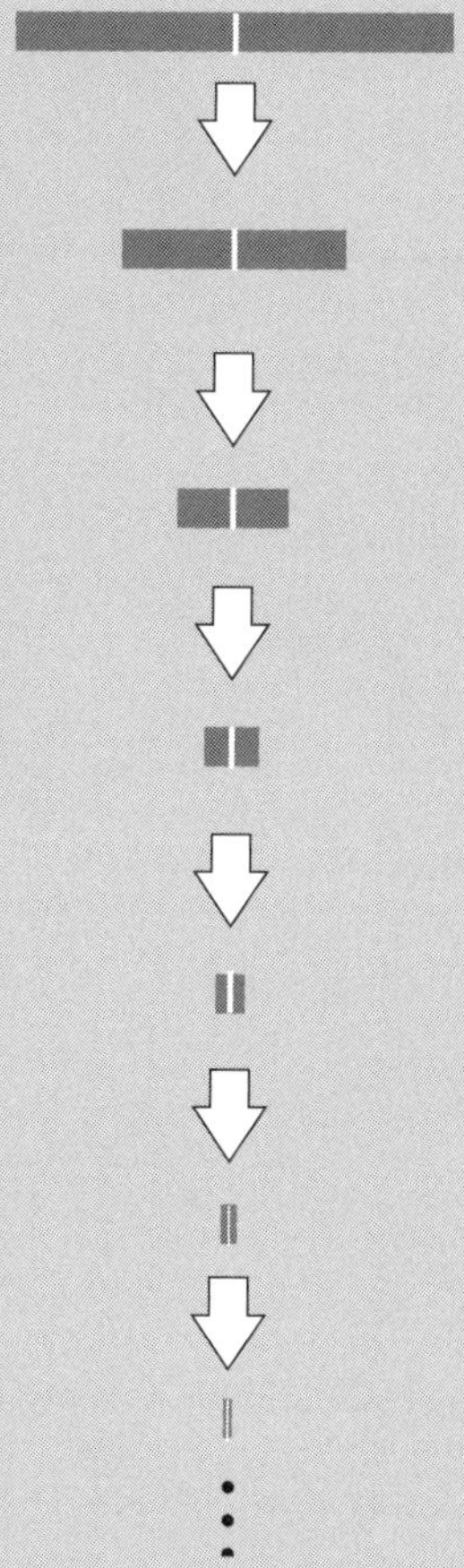

4 統合した動き① 全身の〝チームワーク〟

赤ちゃんが持っていて私たち大人の多くが失っている体のクオリティーの一つは「統合性」です。統合性とは、簡単に言うと体全体がまとまりをもって、体全体で動けているということです。

例えば、お座りが安定した赤ちゃんや2、3歳の幼児が座っている姿をみると、体のどこかのパー

写真提供：PIXTA

ツだけが突出して何かをしているという感じはありません。

写真の子供は、全身の筋肉のトーン（緊張具合）は均一で柔らかく、体全体で動いています。遠くにあるおもちゃに手を伸ばす際、指先から動いた手に導かれるように、腕、肩甲骨へと動きが広がっていきます。腕は本来伸びるところまでしか伸びず（過剰な伸展はみられず）、さらに遠くまでリーチする必要がある時は残りの体の部分、背骨や股関節（足）が自然と動き出します。つまり、体のそれぞれの部分が連動し（繋がりを持ち）、協力しながら一つの動きを成し遂げているといえます。そんな状態を「統合 integration」

という言葉で表現しています。「全体性」という表現の方がしっくりくる方はそれでも良いかと思いますが、言葉はなんであれ意味合いはそんな感じです。

では私たち大人はどうでしょうか。座っているとき、姿勢を保とうと腰にだけぐっと力を入れてみたり、肩周りが緊張していたり、背骨を上に引き上げようとしたり、あるいは逆にお腹あたりが緩み過ぎて崩れたり、机の下に隠れている足の存在がなくなっていたりします。何か物を取ろうとするとき、手だけでそれをしようとして胴体や腰は後ろに引け、手以外の体の部分は動作に参加していないどころか邪魔していることもあります。大人の多くは、知らぬ間に体を部分(パーツ)の集合体として捉え、部分(パーツ)で物事を成し遂げようとしてしまいます。体の中で小さな小人《こびと》が互いに手を繋いでいると思ってみると統合性を理解しやすいかもしれません。統合された体は、一人の小人が動き出すとそれに連なってみんなが助け合いながら動いています。一方、統合されていない体は、サボって動こうとしない小人もいれば、その分の負担を補おうと過度に頑張っている小人、繋いでいた手が離れてしまうペアが混在しています。みんなで助け合いながら一つの動作を成し遂げることができたら、体はもっと楽に、力強く、美しく動けます。

「統合性」という言葉とその意味を初めて聞いたとき、なぜ人は統合性を失っていくんだろうと考えました。そのとき浮かんだ仮説を紹介したいと思います。

1つは巧緻動作獲得の影響です。例えばボタンを外すなど細かい動作を行っていくことで、意識や体の動きが部分に集中し全体性を失うのかもしれません。

2つ目は、統合性を失っている大人の動きを見て学習するためです。私たち人間には見て学習する能力が備わっています。子供達は周囲にいる統合性が失われた大人の動きを見ることで、生来の動きから学習された動き、つまり統合性のある動きから統合性を失った動きへと変化していくのかもしれません。

3つ目は、言語の存在、そしてネーミングによる影響です（これはある程度年齢がいってからかと思います）。私たちは体の部分に名前を付けることで、それぞれを部分として認識し始めます。例えば首は、骨でみると頚椎に当たり、頭のすぐ下から尾骨まで伸びた背骨の一部といえます。しかし、首あるいは頚椎と名付けることで、長く連なる背骨の一部という認識は薄れ、独立した部分として捉えられた限局した動きとなります。また名前を付けることで、そこには意味付け、定義付けがなされ、意味や定義に基づいたコントロールされた動きになるのかもしれません。その他、生活スタイルの変化、全身を使う機会の減少、スマホやゲームの利用など様々な要因が統合性の欠如に影響しているように思います。あくまでも私の推測ですが、的外れではないように思っています。

そして、もう1つ、これはずっと後になって自分自身の動きを通じて気づいたのですが、「心を一つに向けていない」ことが統合性を失わせているのではないか、ということです。女性である私は、同時に複数のことをすることが得意です。時間節約などという思いもあり、複数のことを同時進行でする癖が知らず知らずのうちについていました。食事の最中にメールをチェックしたり、パソコンを打ちながら隣から話しかけてきた人と会話をしたり、洗濯物を干しながら頭の中は未来や過去のことでいっぱいになったり、歯磨きをしながら物を探したり…。そして、その時の自分がどうなっているかというと、心と体は別々のものに向かい、手と目は違う目的のことをし、体のそれぞれの部分は異なる動作をしています。それでは体の統合性どころか、私自身の統合性も失われています。

赤ちゃんは一つのことに対してしっかり心を向けています。そして、目や体全体は心の向く先に向けられており、その赤ちゃんの体には統合性がみてとれます。そんなことを考えると、体の統合性は単に体だけで得られないように思いました。

心を今やっていることに向ける、それがあって体はより統合されていくのではないでしょうか。そして「心を一つに向ける」ということもまた心だけのことを意味していないように思います。それは身体性を伴ったものであり、体を対象に向けることで初めて本当に心を対象に向けることができるのかもしれません。

現代社会ではスーパーコンピューターのように複数のことを同時進行で行うことが良いことのように捉えられることがありますが、赤ちゃんのように心と体を一つに向ける、一時に一事、一時一動作でシンプルに日常を過ごすことで体は統合性を取り戻し、より快適に暮らせるのかもしれません。

まとめ

・大人が失っていて赤ちゃんが持っているクオリティの一つは「統合性」。
・統合性と；おーは、体全体がまとまりを持って、一つの動きを成し遂げている状態です。
・私たちが統合性を失っていく要因は一つではなく、複数の因子が推測されます。
・心を一つに向けることが体の統合性に関与しています。同時に、心を一つに向けるとは身体的でもあり、体全体で対象に向かうことが、心を一つに向けることに繋がります。

“統合されている動き”とは？

“統合されている動き”とは、１つの目的に向かって全身がまとまって働く動きです。例えば下のような“物を拾う”動きでは、子供は自然にしゃがむ動作をしますが、大人は得てして足が止まり、上肢だけで動きがちです。
“自然に全身が働いているか”…これからご紹介していく動きの比較例も、そういった視点から見比べてみて下さい。

統合されている

足を含め、全身すべてが“拾う”目的に向かって稼働している。

統合されていない

足が止まり、上肢だけで拾いにいっている。

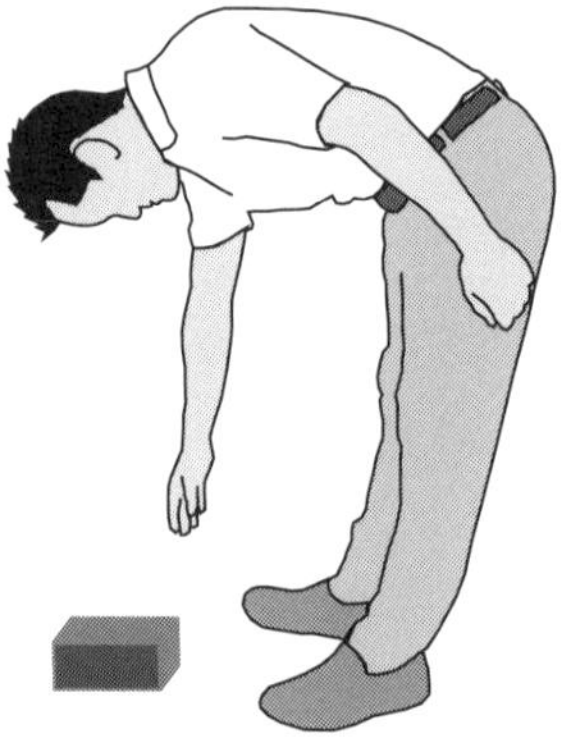

パソコン等のデスクワーク

統合されていない

足が留守になっている。必要ないのに頭がパソコン画面に近づいていってしまう。

統合されている

どこにも力みや緊張がなく、全身が動作を支えている。

統合されていない

・上半身しか働いていない。
・股関節、下半身に緊張があり、うまく稼働していない。
・相手に向かって前に動こうとする上体に対し、腰は後方に引けている。
・上肢から動きが始まり、腕の力で投げようとする。
・全身各所が連動していない。

統合されている

・全身が稼働している。
・不必要な緊張がない。
・動きの方向性が適切で、自身の動きを邪魔していない。
・股関節から動きが始まり、上半身・上肢に広がっている。
・全身各所が適切なタイミングで、流れるように連係している。

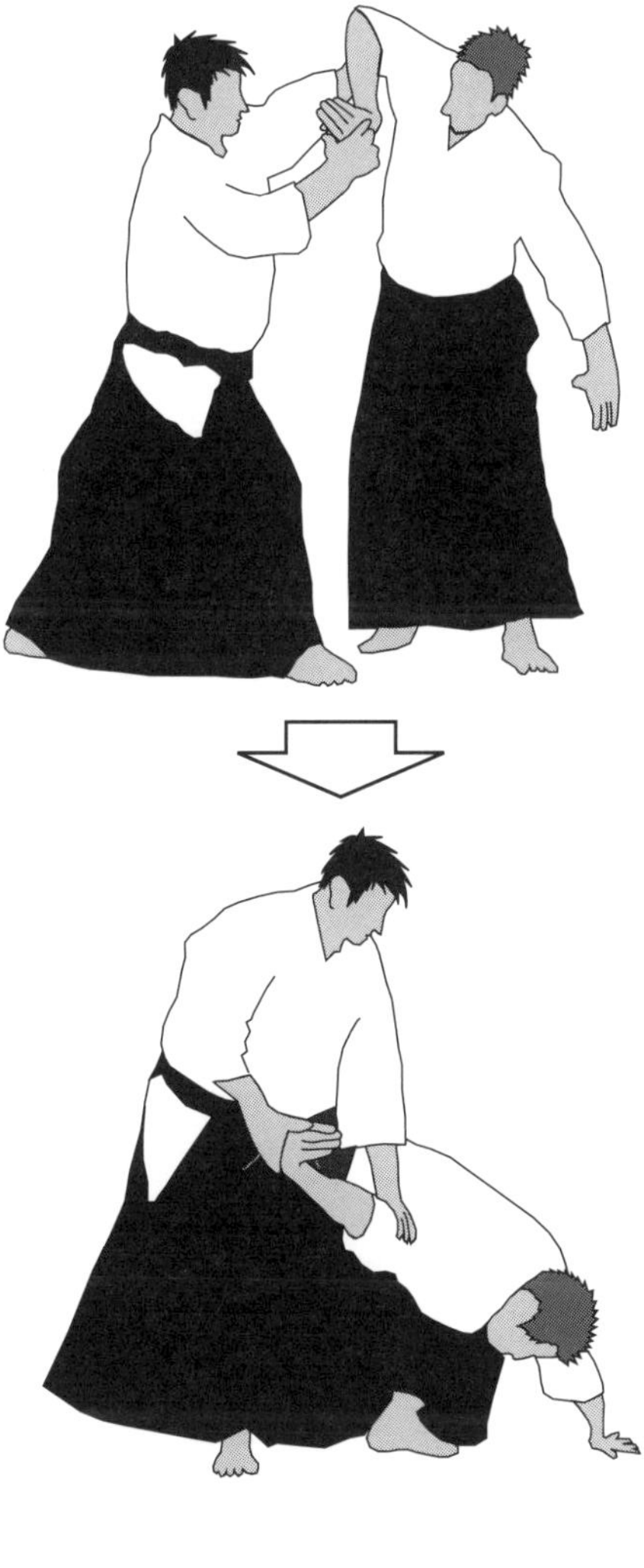

統合されていない

・いわゆる〝手投げ〟になっている。
・力みがあり、上半身と下半身が連動しておらず、十分なパワーが得られない。

統合されている

・全身が稼働している。
・力みがなく、下半身の動きが上半身へ広がり、全身でエネルギー（パワー）を生み出している。

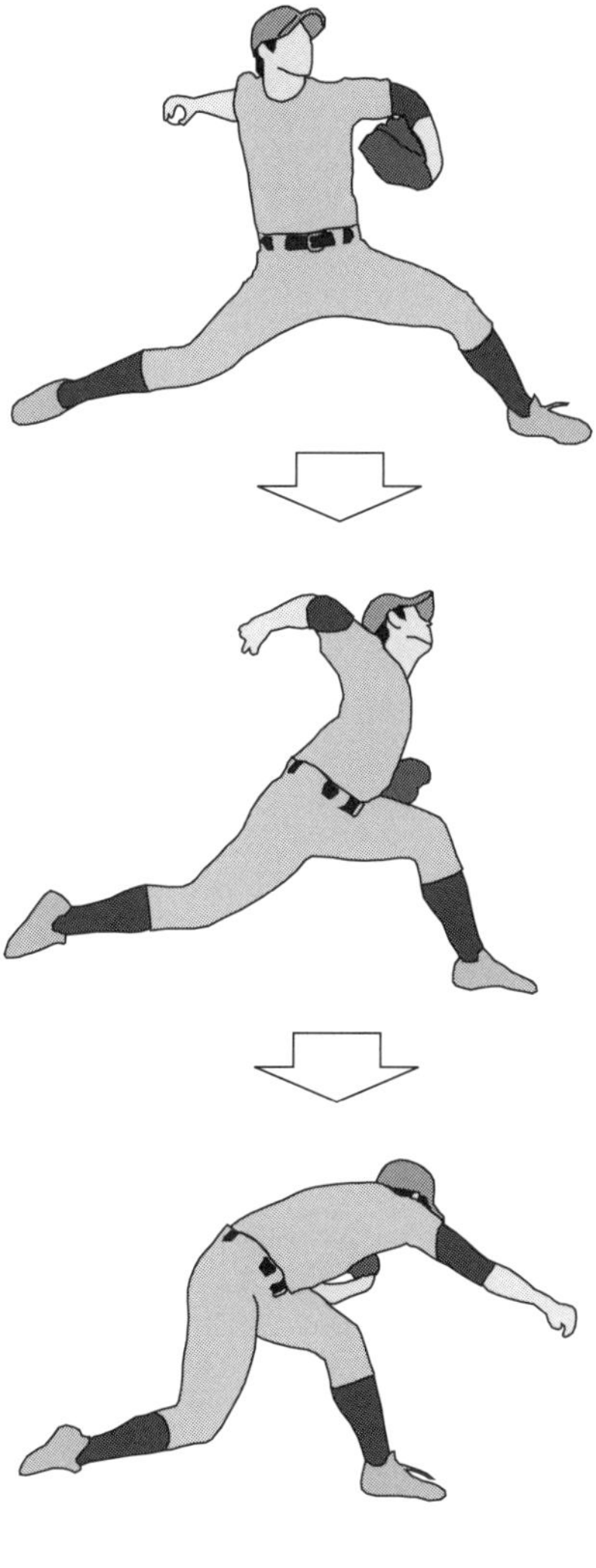

コラム

○〝動きの始まり〟が成功と失敗の分かれ目

動きがどこから始まっているかという視点も動きを学ぶ上で知っておくと良いと思います。赤ちゃんや子供たちにみられるナチュラルな動きをみてみると、眼、あるいは眼や耳などの感覚器官がある頭（頭蓋骨）から動きが始まって、それに導かれるように背骨が連なって動いているのが見てとれます。これは視覚や聴覚（音）などの刺激を通して赤ちゃんの中に好奇心が生まれ、刺激の方に向かって動きが起こり始めるためです。

頭がリードして背骨がついていく動きは脊椎動物に共通してみられ、蛇はその典型としてわかりやすいかと思います。胴体の途中（背骨の真ん中）から動く蛇は見たことないはずです。

また、赤ちゃんがおもちゃに手を伸ばす際の上肢の動きに着目すると、動きの始まりは指先になります。指先に導かれ、そこに連なるように残りの部分が動いていきます。合氣道などの武道はこの原理を利用して動いていることが多々あります。しかしながら、大人の中には肩甲骨など異なる部分から動き始め、不自然で統合されていない動きになっていることがあります。

また、一見上肢でやっているように見える動きが、実際は体の中心部（腰）や遠方にある脚から起こり上半身に広がっていることもあり、武道や様々なスポーツ（テニスや野球

の投球動作やバットスィングなど）でそれがよく利用されています。これが手から動き始めてしまうと下半身あるいは全身からのパワーが手や手の先にある道具に伝達されず、いわゆる小手先の動きになってしまいます。ですから、体全体を使う（統合性）というアイデアに、どこから動きが始まっているのかという視点を足していただくと、より自身が望む動きに近づきやすくなると思います。

一方、ダンサーは、動きが始まる場所を変化させることで、動きにバリエーションをもたらしたり、表現としての面白さやオリジナリティを生み出していることがあります。それは生来の動きや機能的な動きではないかもしれませんが、各部位は協調し連動しながら動いています。ある意味不自然な動きを自然に美しく見せるダンサーは体を巧みに使っているといえます。ちなみにロボットダンスはあえて各部位のつながりをなくした動き、つまり統合性をなくす動きをとてもうまくやっているといえます。赤ちゃんにはできない動きですね。

5 統合した動き② 全身の〝役割分担〟

前項では一つの動作を成し遂げるために全身を使うことが大切であることを説明しました。ただし、ここで注意していただきたいことは、全身を使って動くとは、各部位が不必要に連動し、一塊になって動いている状態ではありません。体の部分がそれぞれの役割を果たしながら、互いが協力し合っていることが大切です。そして、それは脊骨と手足(四肢)の独立した動きとしてみることができます。理解しやすいように、例を挙げて説明したいと思います。

子供の写真。おもちゃを取る手は下方に伸びていますが、背骨は上方向への広がりを保ち、高いところから視線を注いでいるのがみえます。また肩周りはふわっと外への広がりを保っています。それに比べると左側の大人の男性は、頭や背骨が手の動きに連動し同じ方向に向かって動いています。背骨は下方に圧縮され、肩周りは内側に向かって縮こまっています。書くことに必要なのは、指先が紙に近づくことであって頭を近づけることではありません。また見る動作は眼でするものであり、眼は視覚情報を受け取るものですから、背骨を縮め、頭を近づけて見に行く必要もありません。しかしながら、私たち大人は知らず知らずのうちに背骨や頭と四肢を不必要に連動させて動くことが癖づいています。前項でご紹介した統合された動きも各部位が連動してい

ると説明しましたが、それとは異なる連動です。その違いは、体のそれぞれの部分が本来の役割をしているかどうか、です。小さな子供は手は手の仕事を、背骨は背骨の仕事、目は目の仕事をし、体全体で一つのアクティビティ（動作）をします。手は腕の延長として、頭は背骨の延長として、独立システムにありながら互いに協力して動くことができます。そして、その結果、体は本来のサイズ、等身大の自分で、自身を邪魔することなく効果的に動くことができます。これに対し、先ほど紹介したような大人の動きでは、体の各パーツは本来の機能を行っておらず、まるで四肢と背骨や頭が一つのシステムであるかのように不必要に連動してしまいます。

言葉にするとシンプルなのですが、やってみると結構難しく、手を動かすと同時に頭や背骨が連動して動いてしまいます。私の場合、アレクサンダー・テクニーク教師や理学療法士として人に触れる際に、この不必要な連動が顔を出してきます。例えば寝ている人に触れようと手を伸ばす際、無意識でいるとすぐに頭が手と一緒に下方に向かって動き出します。そして仕事に熱中していると自分の顔（頭）が必要以上に相手の方に近づいていることに気づき驚きます。もちろんそれに気づいたら手と背骨の独立を思い出すのですが、これが意外と難しいんです。手から遠く離れた頭が近づきたい欲求でそわそわしているのを感じたり、いつもと異なる手と背骨・頭の関係でいると、慣れない感覚から手がうまく動いてくれないこともあります。それだけ手と背骨の不必要な連動が私の中に習慣化しているということです（苦笑）。しかし、手や背骨の独立に慣れてくると、そこにたくさんのメリットがあることに気づきます。自分の動きを邪魔しないため、同じ仕事をしても疲れにくくなります。背骨から独立した腕や手はリラックスでき、柔らかい手で相手に触れることができます。その結果、手の感覚も繊細になります。伸び伸びとした背骨の上から相手の方を眺めることで、視野が広くなります。視野の広さは、自分がしていることに対する執着を減らし、新しい選択肢、臨機応変な対応をもたらしてくれます。

こんなこともありました。私の師匠が講師を務めるアレクサンダー・テクニークのワークショップにアシスタントで参加したときのことです。ワークショップは、背骨と四肢が独立して動ける

こと、手が動く際にも背骨は生き生きと広がっていれることが一つのテーマとして挙げられており、参加者はそれらを知識としてだけでなく経験を通して学び、普段の動きとの違いに驚いたり、その大切さを実感していました。

無事ワークショップが終わり、講師を含め参加者全員で会場に備え付けの机や椅子を元の位置に移動していると、一人の参加者が「あっ！」と声をあげました。背骨を丸め顔を机に近づけている自身に気づき、「また頭が手と一緒に動いてます!!」とお茶目な顔をして笑っていました。そして、講師に視線を向けた彼女は、「わあ、すごーい。頭があんな高いところに」と、スラッと伸びた背骨で机を動かしている講師に驚いていました。師匠は彼女のところに近づき、「まずは気持ちよく立ってみよう」と言って、そっと彼女の首に触れ、背骨が伸び伸びと広がるのを助けました。そして、彼女の手を取り、軽く机の端に触れさせました。「ほら、かがまなくても、手はもう机のところまで伸びているだろ」と。彼女は手が触れている机の端を握り、机を置くべき方向に向かって足を動かし始めました。「楽チンですね」、彼女は笑顔で答えました。とてもシンプルな動きですが、背骨や頭と四肢の不必要な連動が習慣化していると、様々なところで顔を出してきます。そして、彼女のようにちょっとした動きに気づくことで、一つの動きがより快適に効率よくできるようになります。

ぜひみなさんも、日常生活やお仕事、スポーツなど様々な場面で、自身の動きを観察してみてください。手足の動きに頭や背骨が不必要に連動していたり、首の不必要な緊張や背骨の圧縮に気がつくかもしれません。そして、それらに気づいたら、背骨は背骨、手は手の役割をしようと自分にメッセージを送ってみてください。頭は刺激のある方向、手が向かう先に動いていきたくなりますが、頭は、ゆったり長くなっている背骨の延長にあることを思い出してみるといいかもしれません。背骨をまっすぐにすることが目的ではありませんので、背骨を緊張させない、固めないように注意してください。

以上のことをまとめると、統合性とは、一つの動作を成し遂げるのに、

1　体全体が参加していること
2　それぞれの部分が互いに協力していること
3　それぞれの部分は本来の役割を果たしていること

といえます。体全体で動くことが大切ですが、体を固め一塊りにして動くこととは異なります。

統合した動き		統合していない動き
体全体が参加している。	⟺	一部が参加していない。 一部が過剰に参加している。
各部分が互いに協力している。	⟺	各部分がバラバラに働いている。 繋がりがない。
それぞれが本来の役割を果たしている。 背骨と手足が独立して動く。	⟺	本来と異なる役割を果たそうとする。 背骨と手足の不必要な連動・体が一塊になる。

また、それぞれが自身の役割を果たし、背骨と四肢が独立したシステムで動いていることは大切ですが、各システムが好き勝手にバラバラに動いていることではありません。一つの動作を成し遂げるために、全ての体の部分が協力しながら、かつ自身の役割を果たしていることが大切です。これはチームプレイや組織で行う仕事に置き換えるとわかりやすいかもしれません。全員が一つの目的・プロジェクトに向けて協力しながらも、それぞれが自身の役割を果たしていることが大切です。頑張っている人の隣でサボっている人がいたり、みんなが同じ役割を果たそうとしていてはチーム・組織としてうまく事が進みません。もちろん、難しい課題や状況において、助っ人として他者をサポートすることや、必要に応じてチーム一丸で作業にあたることはあるかもしれませんが（体でいうと、遠くにリーチする際に手に引き続き胴体がついてきたり、スポー

ツでパワーを要する時に体全体が連なって動くなど)、それは他人の役割をお節介にやってやろうというのではなく、その時に自身に与えられた必要な役割として参加しています。そんなことを考えると、赤ちゃん・子供の体というのは、チームワーク抜群で動いていると言えます。

まとめ

- 統合した動きとは、不必要に背骨と四肢が連動して動いたり、体を一塊りにしておくことではありません。各部分がそれぞれの役割を果たしながら、互いに協力して動いていることが大切です。
- 背骨・頭と四肢は独立して動くことができます。
- 背骨・頭と手足の独立した動きでは、等身大で自分を邪魔することなく効果的に動くことができます。
- 日常生活の中で、自分の動きを観察してみましょう。

弓道

“独立性”に欠ける動き

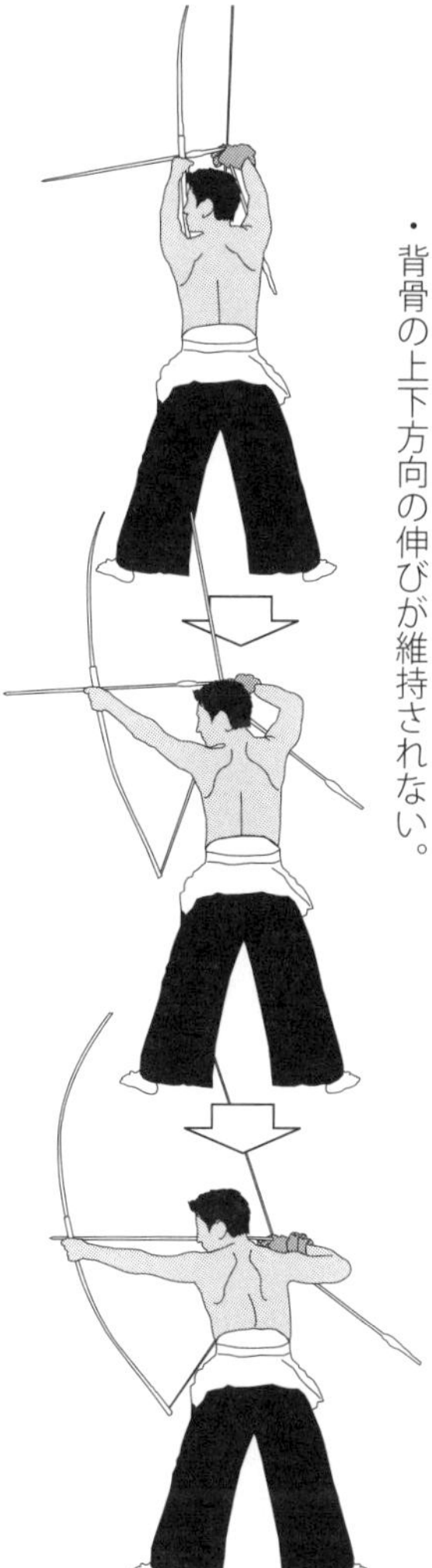

・左右に引き分ける腕の動きに頭がついていってしまう。
・背骨の上下方向の伸びが維持されない。

統合された“独立性”がある動き

・背骨が上下の広がりを保ちながら、手が左右に開いていく。

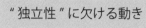

固い瓶の蓋を開ける

"独立性"に欠ける動き

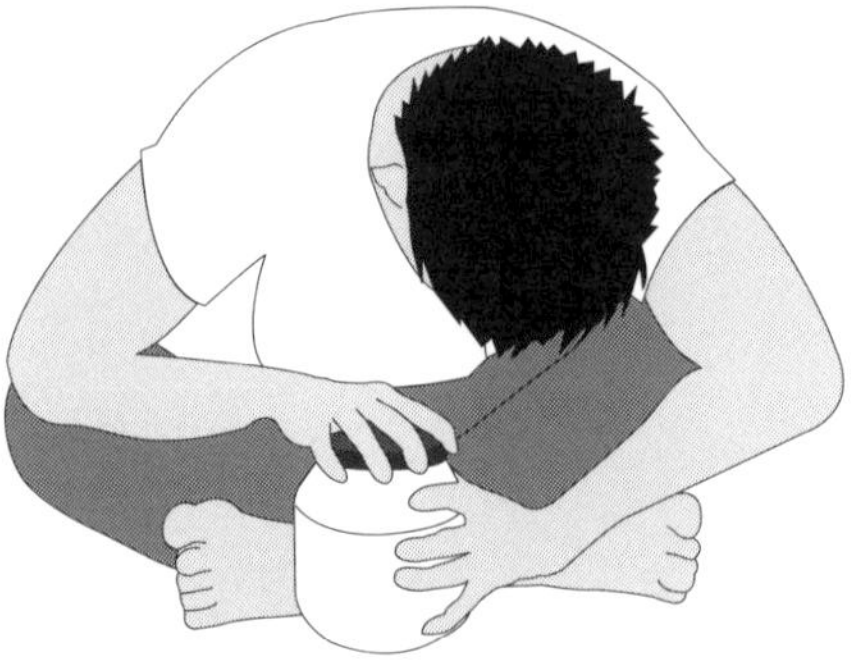

・手に力を入れようとすると、頭が瓶に近付いていって、背骨を縮めてしまう。

統合された"独立性"がある動き

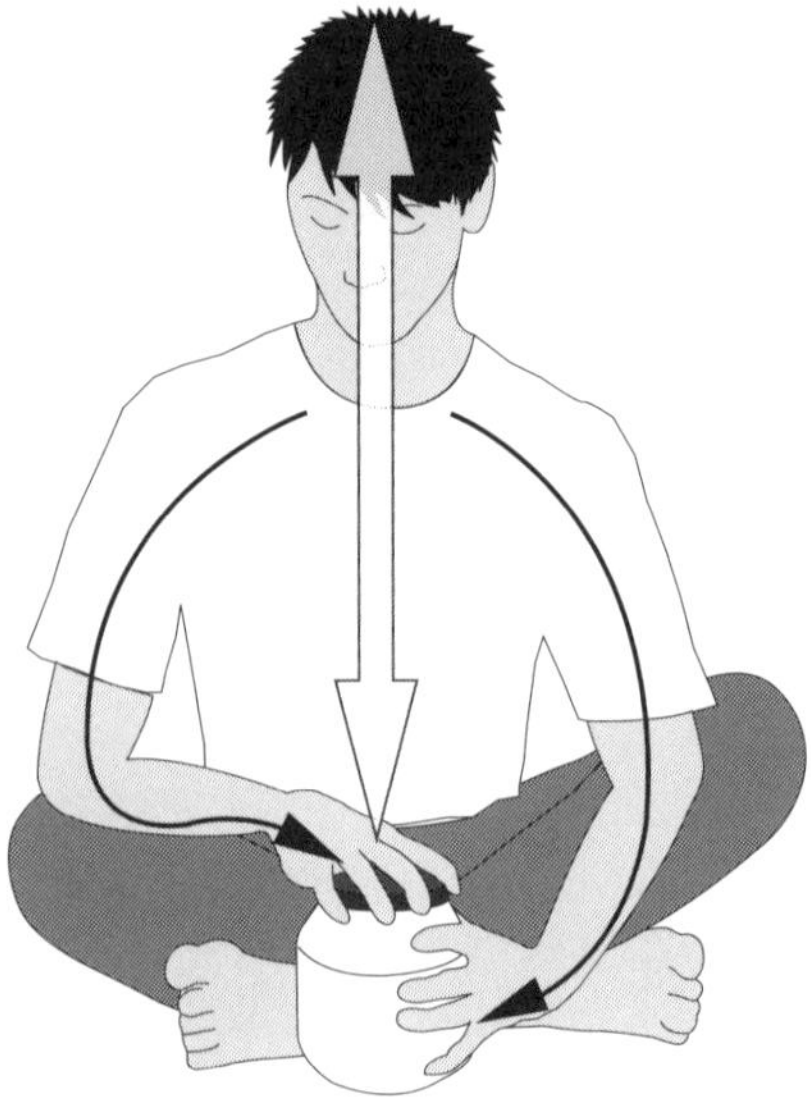

・背骨は生き生きとして上方向に向かっていながら、手からの力を瓶に伝える。

“独立性”に欠ける動き

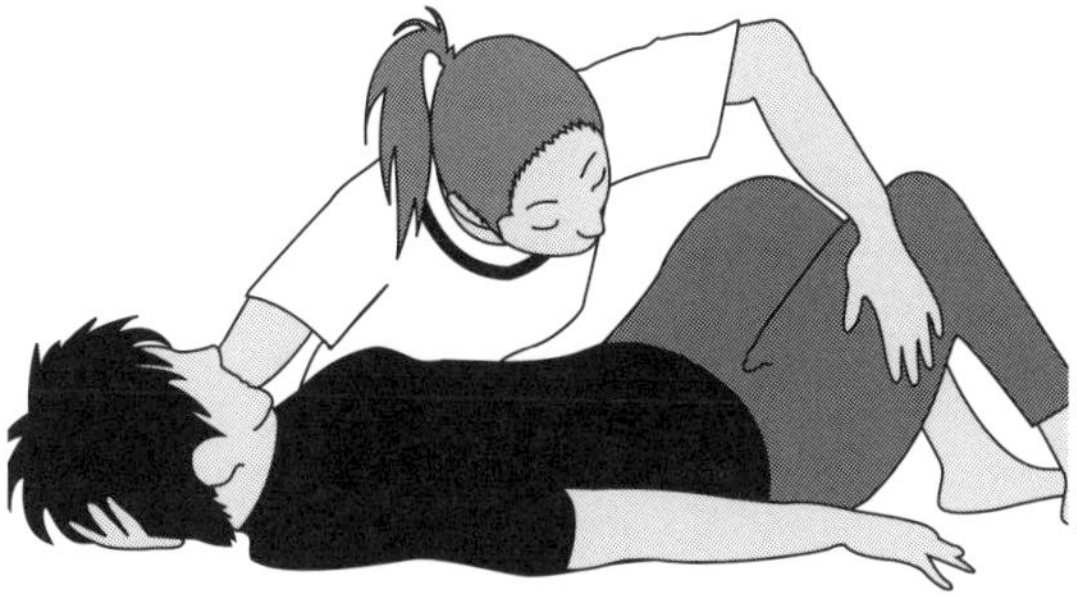

・視覚に引き寄せられ、頭が触れる場所に近付いていってしまう。
・視野が狭まり、執着が生まれる。

統合された“独立性”がある動き

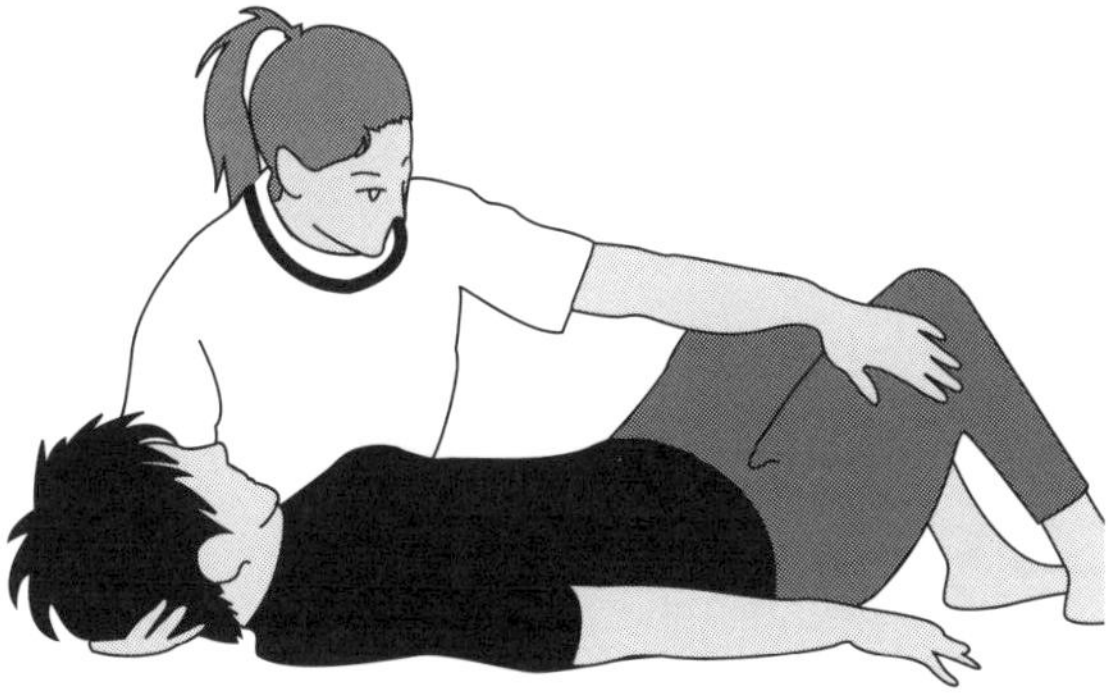

・頭は上下に広がった背骨の延長線上にあり、広い視野でクライアントを観察している。

統合された“独立性”がある動き	“独立性”に欠ける動き
・背骨が上下に広がりながら、両手が上がる。	・両手を上げる動きに連動して、胴体が後方に傾く（胴体を使って腕を上げようとする）。

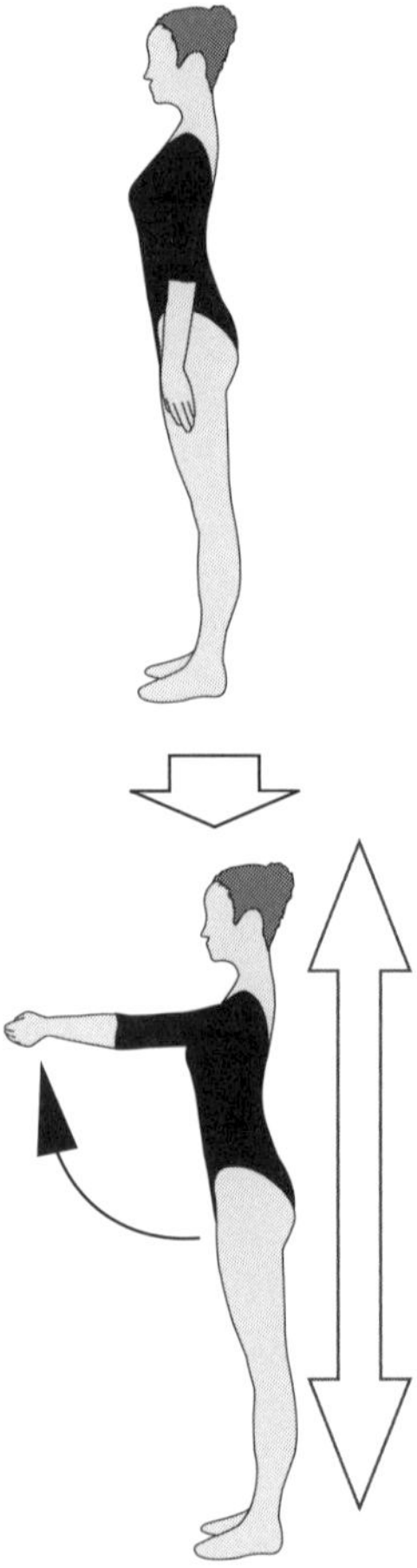

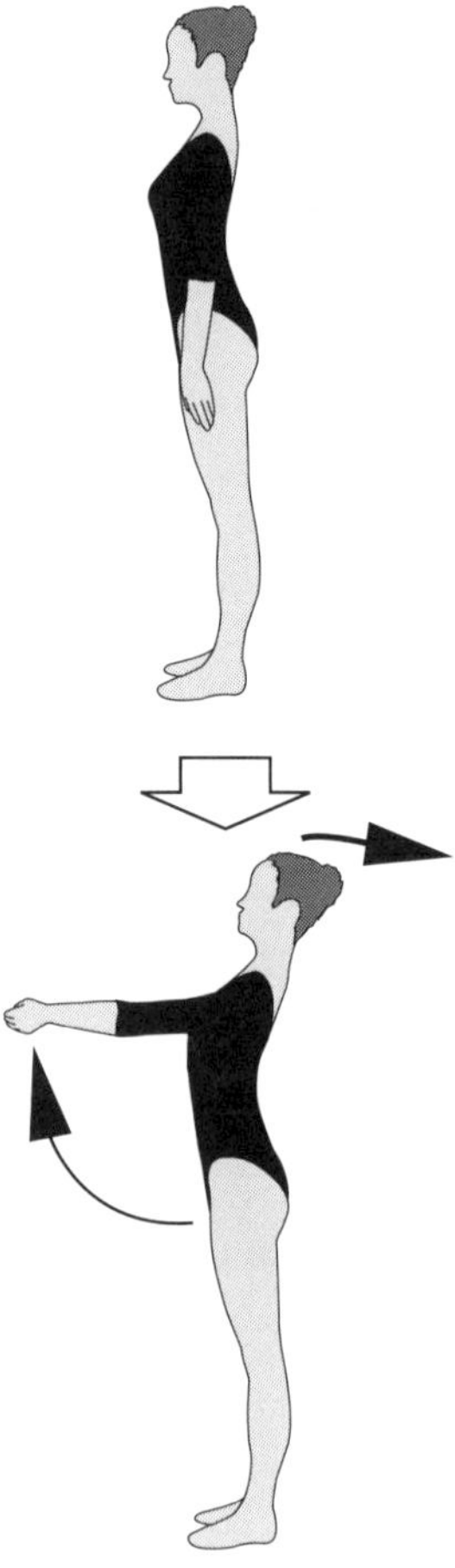

コラム

◯「見る」に注意!!　眼の使い方が背骨の動きを支配する

手の動きに背骨が不必要に動いてしまったり、背骨の生き生きとした上下の広がりがなくなってしまう要因の一つに、見ることが影響していることがあります。先に紹介したセラピストの例や書く動作などがそうですが、見ることによって、頭が刺激がある方向に引き寄せられ、その結果、背骨の上下の広がりが失われてしまいます。

目は視覚情報を受け入れる受容器なので、目（顔）を刺激のある方向に向けるだけで情報は向こうからやってきますが、私たちの多くが情報を取りにいこう、見にいこうとしてしまいます。見にいくことで一見よく見えているように感じるかもしれませんが、実際は視野が狭まり、必要なものが見えなくなっているかもしれません。また、刺激に引き寄せられた体は主体性を失い、機能性や快適性を失ってしまいます。

見にいっている自分に気がついたら、いったん刺激を忘れて自分の体を整え、伸び伸びと広がって背骨の上から視覚情報を受け取ると思ってみてはいかがでしょう。あるいは、刺激にズームインした視覚をズームアウトしていきながら、身体的、心理的に刺激から距離をとってみてください。すると、刺激（対象）と関係性を持ちながらも、一方でその刺激（対象）から切り離されている自分、主体性を失っていない体や自分自身を自覚できるかもしれません。そして、手と背骨の独立や、背骨の生き生きとした動きが得られやすくなると思います。

コラム

○アスリートの巧みな動きは「独立性」にあり！

赤ちゃんは、体全体で一つのことを成し遂げながら（統合性を保ちながら）、同時にそれぞれの部分が本来の役割を果たし背骨と手足が独立して動いていることをお話しました。これは私たち大人が学習すべき動きであることは事実ですが、大人だからこそ成し得る背骨と手足の独立というのもあります。いわゆる、応用編と言ってもいいかもしれません。それは、バスケットボールやサッカーなどのフェイントでみられます。

彼らは体のそれぞれのパーツを自由自在に独立して使いこなし、相手を翻弄します。視線や体本体はこっちに進む、パスを回すと見せかけておきながら、手足は異なる働きをし、相手をかわしたり（すり抜けたり）相手が予想だにしない方向にボールをパスを出します。もし体が一塊になっていたらできない動きです。体の各部分を独立して使い、かつ赤ちゃんにはない高い協調性を持ち合わせることで生まれるスーパープレイ。赤ちゃんもすごいですが、アスリートの方も負けてないですね!!

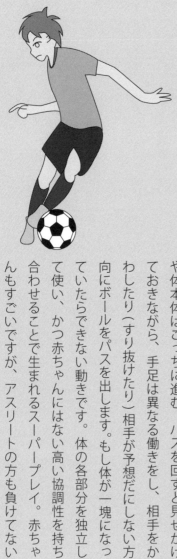

コラム

○背骨と手を独立して使うためのエクササイズ

背骨と手（上肢）が独立して動けるようになるためのエクササイズをご紹介します。

まず、右手または左手の人指し指を反対の手でしっかり握ります。指を力いっぱい握りながら、頭は背骨の上で休んでいるイメージで首（背骨全体）をリラックスさせます。

首をくるくる左右、上下あらゆる方向に動かしてみましょう。手を握るのに首（あるいは背骨）をギュッと固めている人は自由に首が動かないはずです。

手を握るのはあくまで手の機能です。背骨で、あるいは首で握ろうとしないようにしましょう。

6 体にブレーキをかけない心の使い方 〜100％全力投球

四つ這いや歩くことができるようになった赤ちゃんは好奇心に導かれるままに動きまわります。動きが彼らの世界を広め、広がる世界はさらに好奇心を刺激し動きを引き出していきます。生き生きした表情で動きを楽しむ彼らはエネルギーに満ち溢れ、大人顔負けなぐらい動き続けることができます。そしてそんな彼らとは対照的に、後を追う両親は必死で疲労困憊です。

あのエネルギーはどこからやってくるんでしょうか。

一つは、体の使い方にあると思います。先に述べた柔らかい質感や統合性、四肢と背骨の独立がある体は、自分を邪魔することなく、その動作を行うのに必要なだけのエネルギーが使われています。つまり余分な頑張りがない分、同じ動作をするにも楽に行えます。それに比べ、子供の後を追う大人は、腰を丸めたり背骨を縮めたり、腕が必要以上に遠くに伸びていたりで、自分の体にストレスを与えながら動いています。そのため簡単に疲れてしまいます。

もう一つ、赤ちゃんの爆発的なエネルギーの源は、今この瞬間にいることではないでしょうか。明日の疲れを心配することもなければ過去の失敗を思い出し不安を抱くこともなく、いまこの瞬間に全力投球します。そして、好奇心いっぱいな彼らには気が満ちあふれています。体だけでなく心においてもブレーキをかけない彼らだからこそ、最大のパワーを発揮できるのかもしれません。大人も、火事場の馬鹿力という言葉があるように、ここぞというときは過去や未来を解き放ち、自分の限界という固定観念を取り払い、普段出し得ない力を発揮することができます。しかし、通常、私たちの多くは、明日は仕事がぎっしりだから今日は控えめに過ごそうとか、以前うまくできなかったから今回も無理なんじゃないかとか、頭は過去や未来を行き来し、今この瞬間にいる体を置き去りにしています。そして、心が体にブレーキをかけてしまいます。

私は合氣道を学んでいますが、前受身（立った状態からでんぐり返りをするような感じで受身をとる）を学び始めた頃は、後頭部を床にぶつけたり、頭が振られてむち打ちのようになったり、肩のあたりを強打して青あざができたりしました。そんなこともあって、前受身をする際はちょっとした恐怖心を伴うことがあります。すると、体が縮こまってしまい、余計にうまく受身ができず体に衝撃や痛みがやってきます。また準備体操で前受身を10回連続で行う際（相手に向かって走って行き、投げてもらい受け身をとる）、8回目ぐらいになると、あと2回か〜（疲れてきた〜）などの言葉が頭によぎることがあります。すると途端に動きに切れがなくなり、綺麗に回転できなくなります。まさに、心のブレーキの現れです。一方、試験や試験本番さながらの練習場面になると、今に集中し、前受身に対する恐怖心が入る余地がなくなります。すると、いつもより気持ちよく受け身をとることができます。体をコントロールしようとしているわけではなく、心が体を導き、動きを変えてくれます。合氣道のお稽古は知らない方から見ると体・動きの探求と思われるかもしれませんが、心のお稽古でもあります。今この瞬間にいること、気を切らないこと、気を出すことなどを動きを通して学んでいます。つまり、赤ちゃんの時にできていたことを、今一度お稽古によって学習し直しているわけです。現在、マインドフルネスが流行っていて、それをお稽古する、意識する大人が増えていますが、赤ちゃんはお稽古いらずでこの瞬間にいれる、動く瞑想ができる、禅マスター（高僧）といえます。だから、疲れるまで疲れない、疲れるまで全力で動き続ける、疲れたらパタッと寝る、そんなことができるのではないでしょうか。

心の在り方は体に影響します。したがって、動きを変化させるためには、体に気づくと同時に心の状態に気づくことが大切です。そして体にブレーキをかけたくなければ心のブレーキを外すことです。体と共に今この瞬間にいること、気を出すことが、生き生きとした動きを導いてくれるはずです。

まとめ

・赤ちゃんや子供が生き生きと動けるのは、体だけでなく心の使い方にあります。
・今この瞬間にいて、好奇心に満ち溢れることで、体にブレーキをかけず動くことができます。

おまけ

世界とつながる

あるワークショップで受けた質問。「自分の過去を遡っていった時、一番最初（最も幼少）の記憶は何か？」。それは写真や誰かから聞いた話を通してこんなことがあったと知っているという記憶ではなく、自分の中に思い出される記憶です。そんな風に言われると、記憶とは曖昧なもので、どれが最初なのか自信を持って一つ答えることは難しいのですが、その候補たるものは浮かびました。

浮かんでくるものは、そこにいた人の姿や誰かの言葉、その場の情景。そこには自分自身も含まれており、その時とった行動や抱いた感情の一部が曖昧ながらも思い出されます。しかしながら、その中に自分の体についての記憶はありませんでした。もう少し正確にいうと、自分の体がどんな状態で、その時のその体を自分がどう感じていたか、という記憶は全くありませんでした。また、自分に体があることは知っていたと思いますが、体を所有している感覚はなく、ただ私がそこにいたように記憶しています。そしてそれは、自身が思い出せる最も幼少の頃だけでなく、その後しばらくの間（小学校低学年頃まででしょうか）続いていたといえます。

今、自分の体をこんなに明確に感じ、時に過剰に意識している私が、体に対し所有感を持たず、自身の体にとらわれず、無邪気に体を使い、世界と繋がっていたことに多少の驚きを感じます。

そんな体との関係性が年齢を重ねるにつれ少しずつ変化していきます。私たちはいつの頃からか、自分の体がどんな状態にあるのか自覚し始めます。そして、他人にどう見られているかを気にし、自分の体というものに意識を向け始めます。特に思春期の頃には、性に芽生え、自分の体というものに対する意識は強まっていきます。年を重ねるにつれ増えていく身体的な痛みや不快感、緊張した筋肉は決定的に私たちに体の所有感をもたらします。持続した痛みや不快感は時に体を忘れることすら難しくさせます。同時に、私たちの体の外側にある世界を意識の中から消していき、自分の体が意識の中を支配していきます。私自身、体の不調（強い痛みや不快感）から、明確な体の所有感を持ち、過剰に体に意識を向け、苦しんだ人間の一人です。それゆえ時々こんな風に思うことがあります。体という存在（所有感）を感じず、世界に夢中になれたらどんなに素敵だろうか（それは体を置き去りにして世界にのめり込むということではありません）。子供の頃、鬼ごっこに夢中になっていたときのように、体をコントロールすることなく、ただ目一杯体を使い、無邪気に動けたらどんなに幸せだろうかと。

大人になると、体の不調や動きを改善させるために自分自身や体への気づきが大切だと言います。気づいていないことを変えることはできませんし、自分の体に注意を向けることが必要なのは事実です。ただ一方で、体にたくさん意識を向けていればいいかというとそうではありません。

おまけ

過剰な意識は体をコントロールしようとし始めます。第1章に書いたような「正しい姿勢」を取ろうとしている時の私たちは、たいてい自分の体に過剰に意識が向き、世界が薄れてしまいがちです。そして、赤ちゃんや子供のようなナチュラルさが失われます。そんな時は、注意を世界に広げてみてはいかがでしょうか。自分の周りにある世界を眺め、そこにあふれる音に耳を傾け、香りを楽しみ、触れるものを感じることで、過剰に体に向けられていた意識は弱まり、自身の体との関係性が変わるかもしれません。そして、これに関して、最も簡単でオススメの方法は、自然の中に身をおくこと、自然の中で動くことです。美しい風景や鮮やかな色彩、鳥や虫の音色、木々や私たちの間をすり抜けていく風、一歩一歩異なる大地の感触、自然のあらゆるものが私たちの五感を開き、世界と私たちを繋いでくれます。私たちは自分の体の中に閉じこもることを忘れ、私たちの意識にバランスをもたらしてくれます。そして、より自然に自身の体と一緒にいることを助けてくれます。それはもしかしたら子供の頃、無邪気に動いていた自分、ナチュラルに動いていた自分に近づいているといえるのではないでしょうか。

自身の意識（注意）の使い方に気づき、それを含めて動きのトレーニングをすることも大事ですが、自然の一部である人間は、自然の中に身を置くことで本来の自然な体を取り戻せるのかもしれません。

第3章

〜アイデア一つ変えれば動きは変わる⁉

嘘かホントかは別にして、知らず知らずのうちに学んでいる体のこと

1 知らず知らずのうちに学んでいる体のこと ～思い込みは無知より厄介

私たちが扱うものには必ずと言っていいほど取扱説明書がつけられています。家電はもちろん、ちょっとした置き時計や調理器具にも丁寧にその構造や構成要素、機能、使い方、注意点などが書かれています。それらは私たちが機器や道具を適切に扱ったり、それが持ち合わせている機能をフル活用するためのものであり、誤った使い方をして壊さないためのものです。

とはいえ、大雑把な性格の私は、せっかく用意された取扱説明書を読まずに使うタイプの人間で、使っているうちに覚えるだろうとか、これはこういうものだ！と思い込んで使ってしまう傾向があります。たいていはそれで問題ないのですが（あるいは問題がないと思っているだけで、実はいろんな機能が使いこなせていなかったりするのでしょうが）、使っているうちに「あれ？なんかおかしい…」ということが出てきます。そして取扱説明書を引っ張り出して確認すると、自分がしていたことが注意事項の欄にやってはいけないこととして書かれていて、ショックを受けた経験は少なくありません。また、ある機能を使いたくてボタンをあれこれ押しても上手くいかず、説明書を確認するとあっさり解決した、あのイライラした時間はなんだったんだ、ということもあります。

ここで何が言いたいかというと、体も同じで、その構造や性質を知らずに使っていると、本来持つ機能を発揮できなかったり、体の故障に繋がる可能性があるということです。そして、ちょっと体のことを知るだけで、取扱説明書を読むだけで、簡単に解決することがあるということです。

しかしながら体の取扱説明書なるもの（個人的には体を取り扱うという表現は好きでないので「体の取扱説明書」という言葉は避けたいのですが、便宜上ここで使用しています）を学ぶ機会はなかなかありません。学校の体育の授業では、体がどんなふうに動くようにできているのか、どんな構造をしているのか教わることはなく、とにかく体を使う、がむしゃらに動くことが中心です。それは私が適当に家電のボタンを押しまくるのとたいして変わらないのかもしれません。

最初からうまく動ける子供はいいのですが、いわゆる運動音痴といわれる子供達にとって、なんの道しるべもなくただ動きを繰り返すだけで何かができるようになるというのはハードルが高すぎるように思います。もちろん、動きを反復し試行錯誤する経験が無駄とは思いませんし、その子供にとって意味があることもあります。しかしながら、ほんの少し道しるべ的なものが提供できたら、もっと違う試行錯誤やできた喜びや興奮を味わえるのではないでしょうか。

また、私たちが何よりも誰よりも人生で長く付き合っていくのは自分自身であり自分の体です。その体についての知識を得ることは意味があるように思います。もちろん、治療家や動きの指導者、アスリート、あるいはアスリートなど動きを専門にしている人と同じようなレベルで知る必要はありませんが、ほんの少し知っているだけでもっと楽に動けたり、自身が望むような動きができるのではないかと思います。そして、体のこと、つまり自分のことを知ることは楽しいのです。

たった今、多くの人は体のことを知らない、学ぶ機会がないと述べたところで矛盾したことを言いますが、私たちは意外と体のことを学んでいます。それはお勉強したというより、知らず知らずのうちに学んでいるといった方が適当かと思います。ただし、その学んだアイデアが間違っている、つまり、あなたの思い込みですよ！ということがあります。そして、その思い込みは無知より厄介だったりします。なぜなら無知は経験を通じて正解を発見したり感覚を通じて間違いに気づくことができますが、誤ったアイデア＝思い込みは、動きをおかしな方向に導き、かつその間違いに気づきにくくするからです。ピンとこない方が多いと思いますので、この後、どんな風に知らず知らずのうちに学んでいるのか、よくある思い込みの具体例を提示しながら、体についての適切な知識をご紹介していきます。もちろん、人によっては当てはまらないこともありますが、それはそれで客観的に学んでいただけたらと思います。

まとめ

・一生付き合っていく体なのに、それについて学ぶ機会がほとんどありません。体の動くための構造を知ればもっと楽に動くことができます。
・一方で、私たちは知らず知らずのうちに体についてのアイデアを得ています。ただし、そのアイデアが間違っていることがあります。
・間違ったアイデア（思い込み）は時に無知より厄介で、体や動きをおかしな方向に導いてしまうことがあります。

2 あなたの肋骨はどんな形？ ～思い込みパワーの恐ろしさ

さっそくですが、思い込みが無知より厄介だということ、そして思い込みのパワーを知った経験を一つ紹介したいと思います。

ドイツ北部にある小さな町でアレクサンダー・テクニークのワークショップの講師として体を含む自分の使い方について指導したときのことです。参加者は地元に住むドイツ人で50代～60代

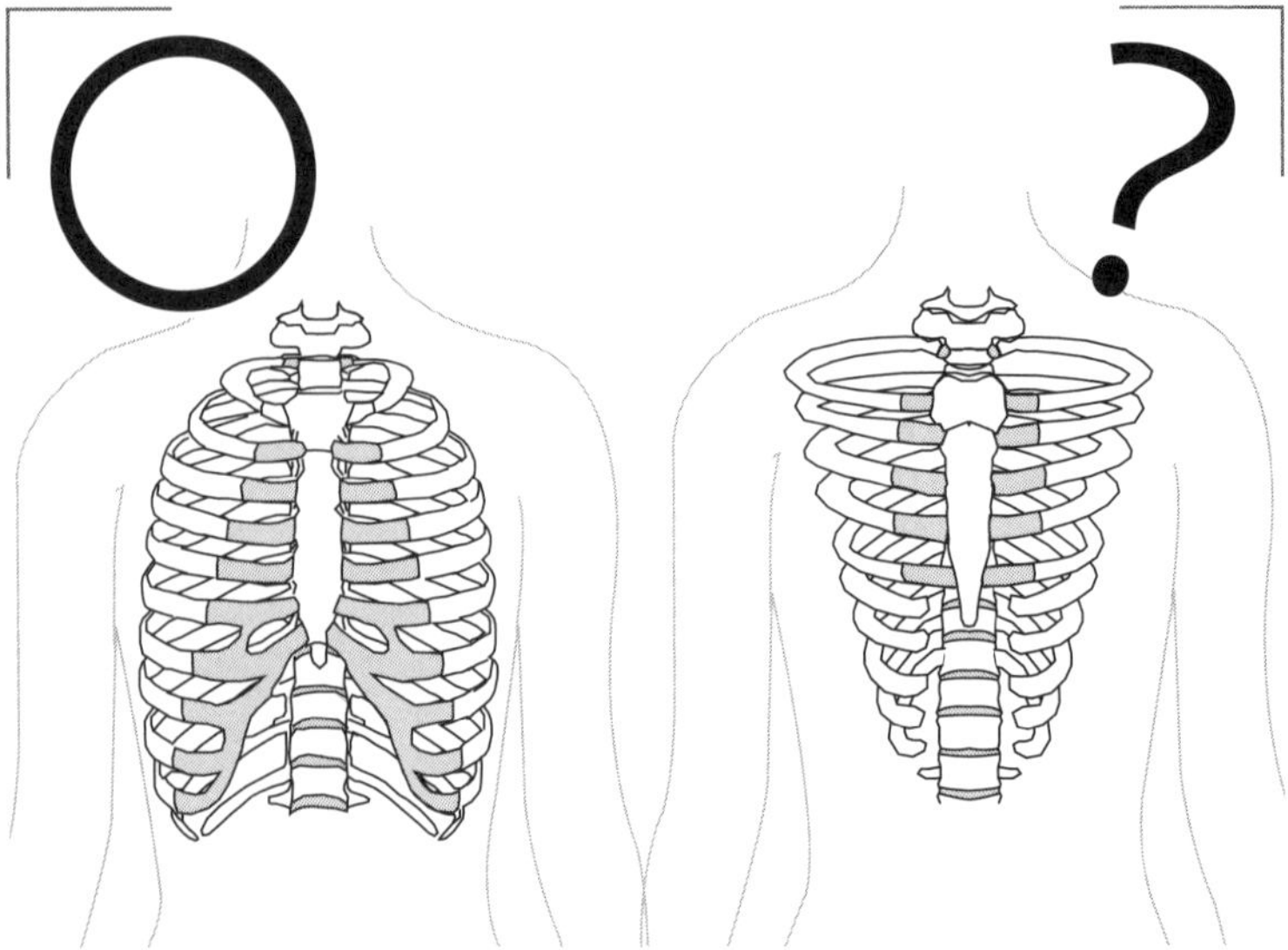

の方が中心でした。ワークショップの中で参加者の方々の体に触れていくとどうも肋骨の付近が気になりました。やたら肋骨、特に下の方を固めている方が多かったからです。ワークショップでは予定していた内容がありましたが、どうしても肋骨が気になった私は、内容を一部変更し肋骨について学ぶ時間をつくりました。

そこで私が最初に行ったのは、参加者の皆さんへの質問でした。まず「肋骨ってどんな形って思っていますか?」。すると、何名かの方から「逆三角形」という返答があり、いきなり私は驚かされました。これまで様々な回答を聞いたことがありましたが逆三角形というのは初の回答でした（もちろん、肋骨は逆三角形ではありません。実際は図に示すように上が狭く、下が幅広くなっています）。ワークショップはドイツ語から英語への通訳を介しており、参加者の方が選んだ言葉（ドイツ語）が、英語または日本語でいう逆三角形と同じ意味を指しているのか分からなかったため、次に、彼らに自分の手で肋骨の形を表現してもらうよう頼みました。すると、底は鋭くとんがっているわけではありませんでしたが、上は広く、下に向かって狭くなる、いわゆる台形のような形でした。ただ、逆三角形と表現されるくらいなので、下側がかなり狭くなっているイメージを持っておられるようでした。次に、肋骨は動くものですか？動かないものですか？という質問を投げかけてみました。すると半分ぐらいの方は動かないとの回答で、残りの方は動くといいながらも自信を持って回答される方は一部でした。なるほどー!!下に向かって狭まっている動かない肋骨、まさに触れた時の印象そのものです。彼らの思い込みがしっかり体に伝わってました。もちろん、肋骨は動くものですし、彼らの肋骨ももちろん動いていますが、それでもその動きは少なく下をすぼめるように固めていました。まさに思い込みのパワー、そして思い込みの厄介さを実感した瞬間でした。

肋骨は手足の骨と明らかに違ったユニークな構造や機能を有しているせいか、サイズ、形、高さや奥行き、動き、役割に関して独自のアイデア（思い込み）を持っている方が結構おられますが、逆三角形（下すぼまり）という思い込みには本当にびっくりしました。私たちは気づかないうちに、経験や視覚情報、身体感覚など様々なものを通じて体についてのアイデアを得ていくのだと思いますが、下すぼまりと答えた方々がなぜそのようなアイデアを持ったのか、私は興味を抱き

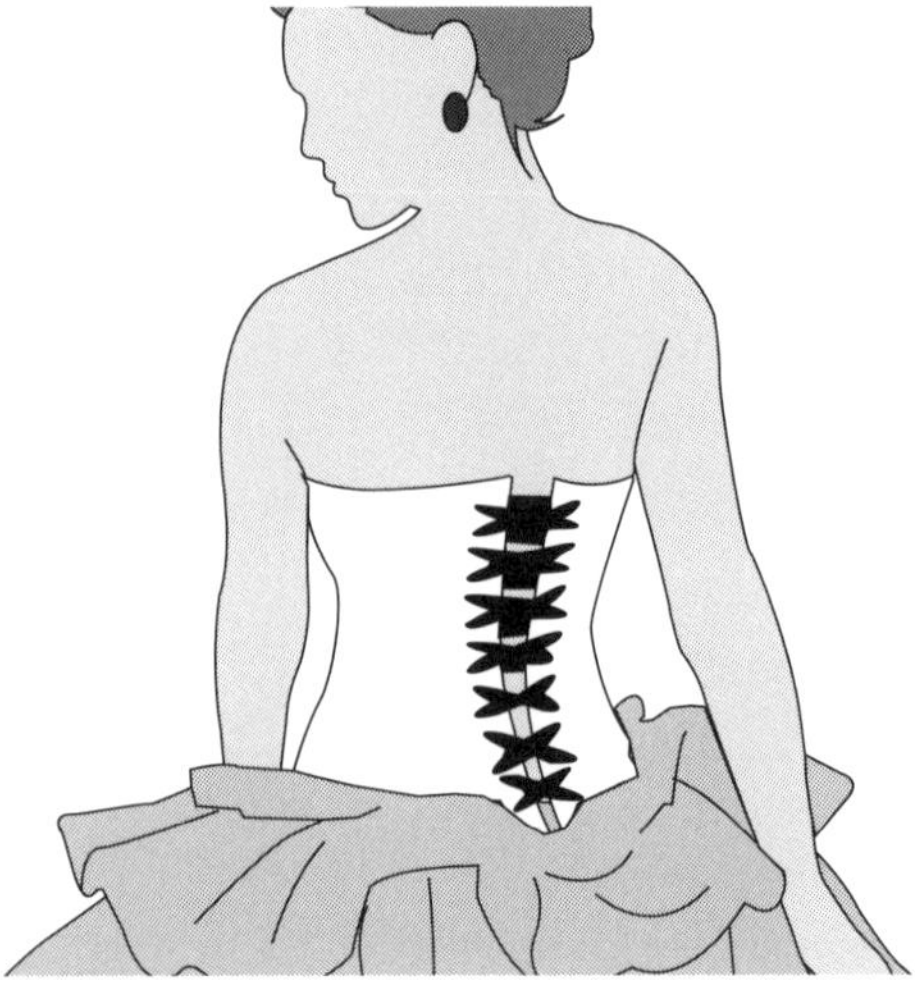

ました。残念ながら、そのワークショップでその点について確認することができず真相はわかりませんが、帰国後に考えた末に浮かんだ2つの仮説を紹介したいと思います。

一つは外からみた体のイメージ、もう一つは西洋の文化的な衣服、ドレスです。まず前者ですが、体を外から見た場合、特に女性は肩幅や脇に比べるとウエストが細くなっています。肋骨が上半身（ウエスト辺りまで）いっぱいに形状を成していると思った場合、特に肋骨上部が肩の手前まで横に張り出していると思った場合、下すぼまりな形状だという思い込みをもつかもしれません。

二つ目の西洋の文化的な衣類の影響についてですが、昔はドレスを着用する際、コルセットを装着し体を矯正するように締め付けていました。その結果、大きな胸は強調され、ウエストに向かって細くなっています。もしかしたら、そんなところから知らず知らずのうちに肋骨の形のイメージを得たのかもしれません。真相はわかりませんが、西洋ならではのアイデアがあってもおかしくないような気がします。

そして、肋骨が動かないという思い込みはこのワークショップの参加者に限らず見受けられます。その理由として、肋骨は内臓を守るためのものだから、という回答がよく聞かれます。もちろんそれも一つの肋骨の機能ですが、肋骨は呼吸をするための器官でもあり呼吸をするためには肋骨が動く必要があります。また、肋骨は英語でribcage(リブケージ)と言いますが、このcage(ケージ)が金属でできた鳥かごのようなイメージを持たせることで動かないと思ってしまう方が海外ではおられるようです。あるいは、先ほど紹介したドレスの影響。肋骨はコルセットで締め付けるものというイメージがあれば、動くための器官として認識されにくいのかもしれません。

私たちは無意識のうちに体に関するアイデアを得ているので、どこからそのアイデアがやってきたか分からないことは多々ありますが、私たちの体や動きが私たちが持つアイデア、思い込みに影響を受けていることは事実です。このドイツのワークショップの参加者のように、時にそのパワーは相当たるもので、体を大きく変えてしまうこともあります。体を変えるためにも、自分がもつ体に対する思い込みを知り、書き換えていくことが大切だと思います。それにしても思い込みのパワー、恐るべしです（笑）。

コラム

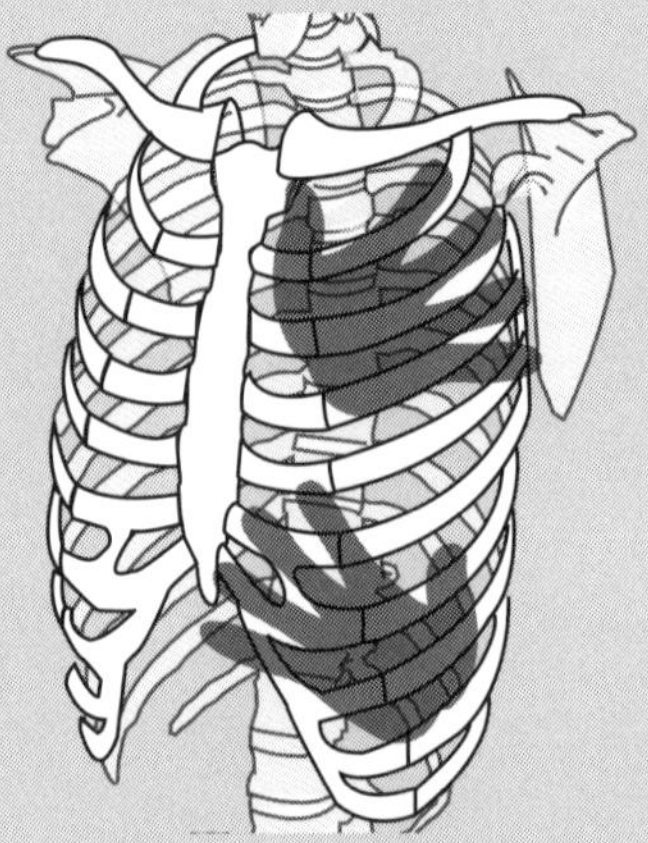

○肋骨の実際

解剖を学んだことがない方で肋骨の構造を立体的に理解している方はほぼおられません。そして、解剖を学んでおられる方も含め、自身の肋骨を立体的に捉えている方は多くないように思います。大抵は前面の意識が強く、肋骨を触ってくださいというと、両手を肋骨の前面に当てられます。前面の中でも下あたりを触れる人と胸の上あたりを触れる方がいますが、いずれも前面であって、背中を触る人はほとんどいません。つまり、肋骨に関して前面の意識が強く、背面や側面は忘れられやすいということです。

では、肋骨前面だけ、あるいは前面の上、または下あたりだけを意識して深呼吸してみると、どうでしょうか。意識を向けた部分は広がっていくものの、他があまり動いていないのを感じたかと思います。特に、背面の動きは制限されやすかったのではないでしょうか。

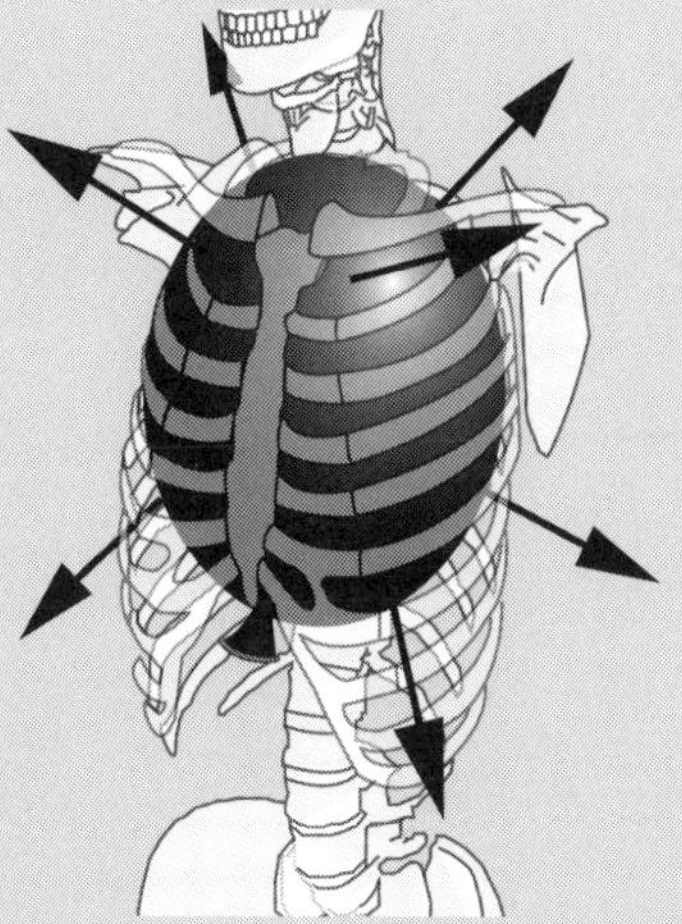

肋骨は立体ですし、肋骨に収められている肺も同様に立体構造で背中側にも存在します。まずは肋骨を立体的に捉え、全体が動くことを感じてみると良いかと思います。肋骨前面の上方・下方、肋骨側面の上方（脇の内側）・下方、肋骨後面の上方・下方へと順に注意を向けていき、動きを観察してみてください。できれば注意を向ける場所に手を置くとよりわかりやすいと思います（背面はどなたかに触れてもらうと良いと思います）。ちなみに、肺の一番上は鎖骨より少し上まであります。

全ての場所が動くことがわかれば、それぞれの部分（複数の部位）を同時に動かすというのではなく、風船のように一つのものが全ての方向に膨らむようなイメージで肋骨全体が大きくなったり小さくなるのを観察してみてください。自分でコントロールしようと思うのではなく、そんな風に動いているのをイメージし

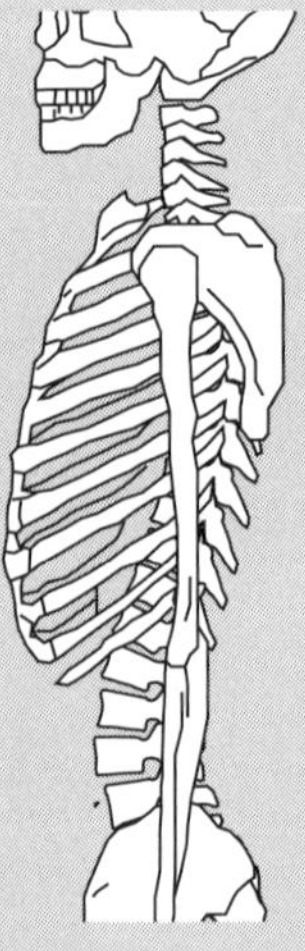

ながら肋骨全体を眺めていると、自然と肋骨の動きは変化していくかもしれません。

もう一つ、肋骨を横から見た場合、どんな形をしているかというと図に示したように前下がりになっています。しかし、良い姿勢を取ろうと意識しておられる方やダンサー、歌手の方の中には、胸（肋骨前面）を過剰に引き上げ、前下がりなはずの肋骨を水平にしようしている方がおられます。まるで、肋骨で背骨を持ち上げているようで、たいていは反り腰がセットになっています。これでは呼吸が邪魔されるだけでなく伸び伸びとした背骨の動きがなくなってしまいます。そんな時は、肋骨は生き生きと上下に広がった背骨からぶら下がっていると思ったり、肋骨は水平ではなく前下がりであることを思い出してもらうといいかもしれません。あるいは、軽くため息をつくと本来の自然な状態に近づきます。

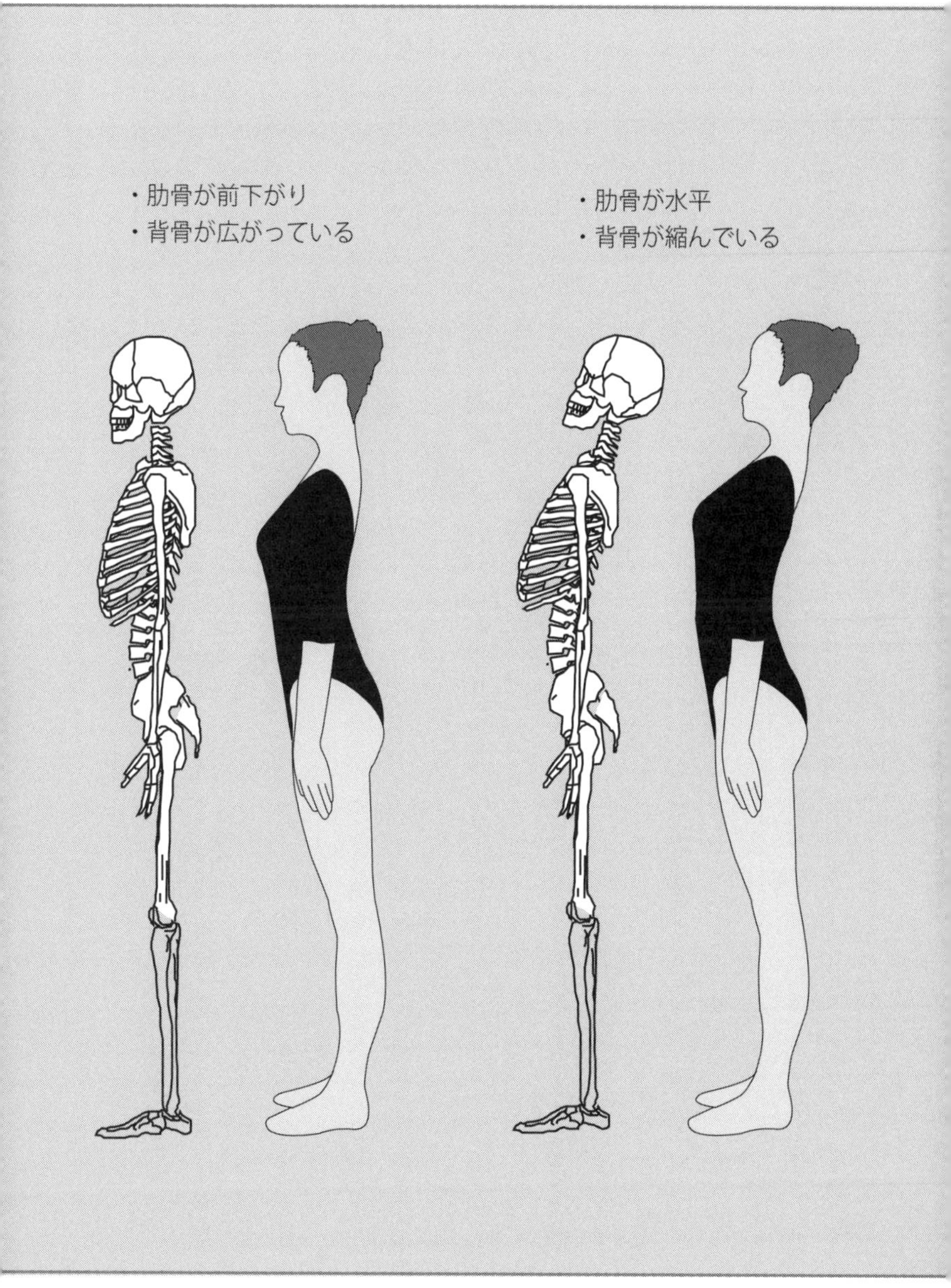
・肋骨が前下がり
・背骨が広がっている
・肋骨が水平
・背骨が縮んでいる

修正成功例

・背骨は縦方向に長く広がっていくと思いながら、肋骨前面が上に外に広がっていくと思う。

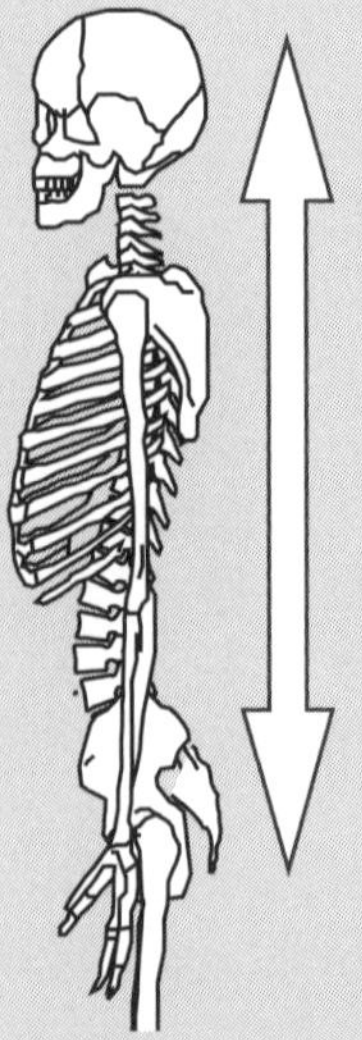

修正失敗例

・肋骨を持ち上げることだけに意識が向いている。
・背骨を後ろに引っ張って縮めようとする。

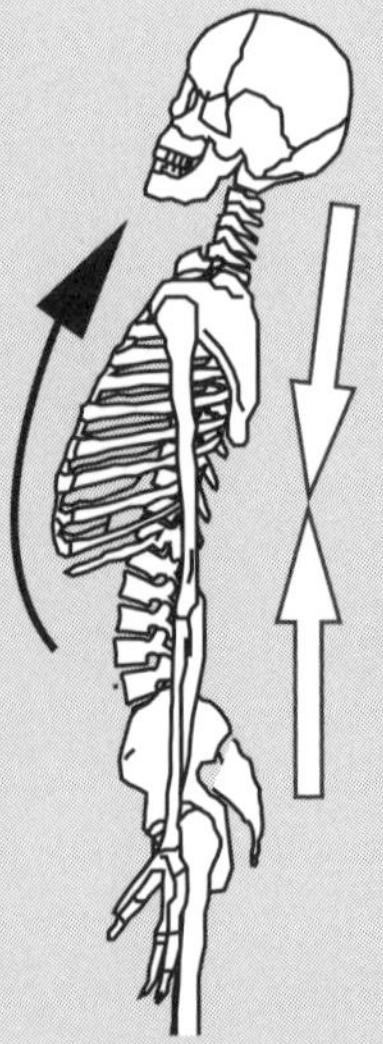

猫背

・胸椎の後方へのカーブが強まり、肋骨の前下がりが強調して見える。
・頚部は代償的に伸展し縮むことが多い。

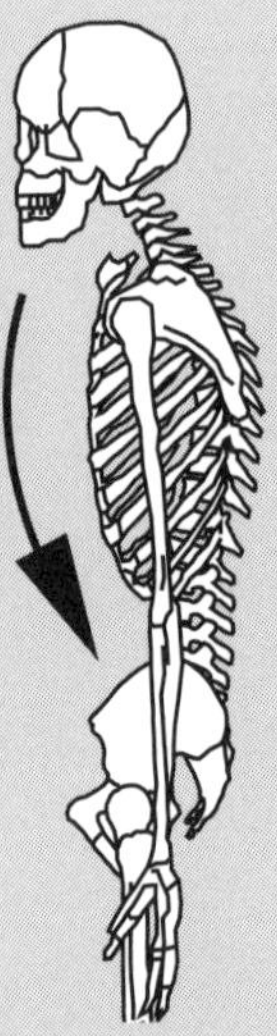

逆に、胸のあたりが閉じ猫背になっている方は、肋骨の前下がりが強調されて見えます。その時に安易に肋骨を持ち上げることだけを意識したり、背骨で肋骨を後ろに引っ張ることをするのではなく、肋骨につながる背骨が縦方向に生き生きと長く広がっていきながら、同時に肋骨の前が上に外に広がっていくと思うと自然と猫背が解消されるかもしれません。

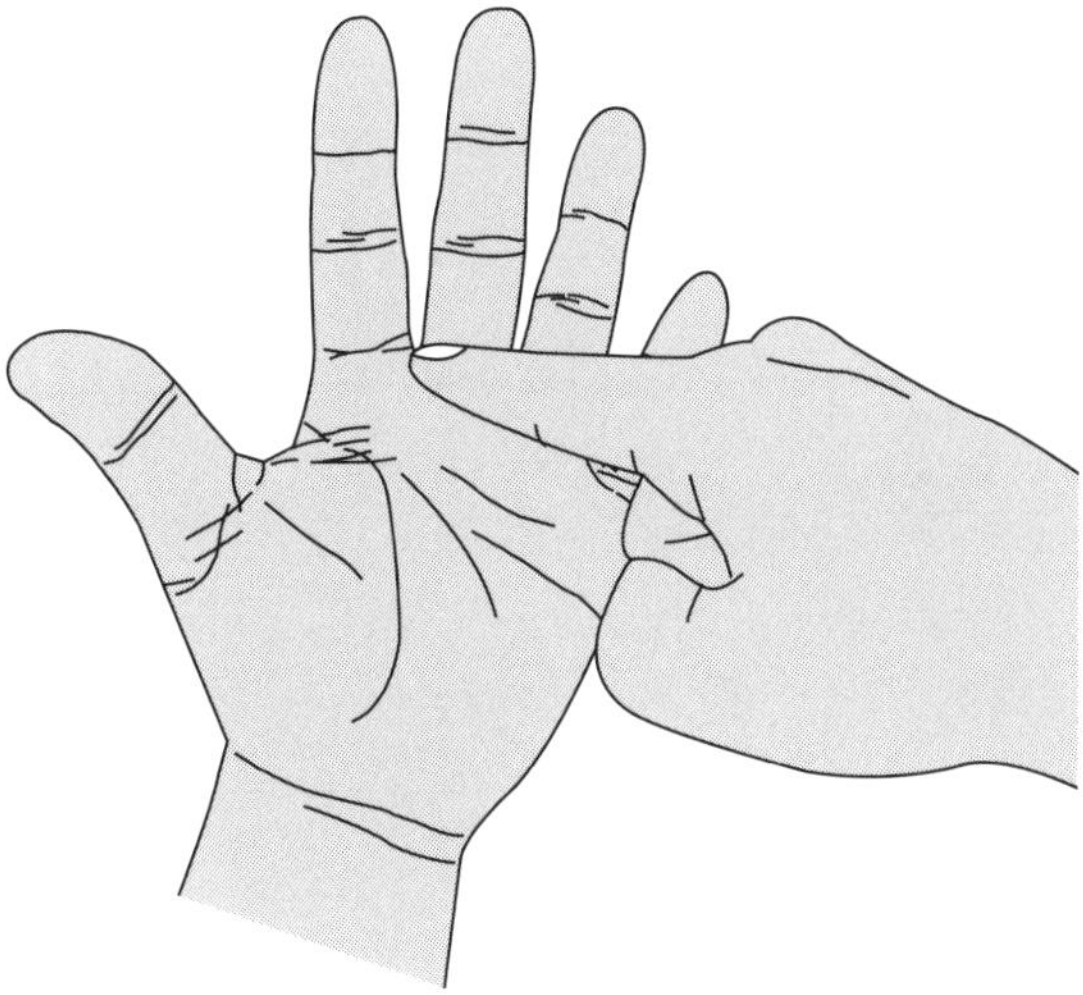

3 曲がるのはそこじゃない!? ～皮膚にだまされる手

医学が進歩しレントゲンやCT、MRIといった機器を使って体の内側を見ることができるようになりましたが、何か病気でもしない限り私たちが自分の体の内側を目にすることはありませんし、解剖などを学んだことがない人にとって体の内側は未知の世界です。そして、普段私たちが観察できるのは体の表面、主には皮膚といえます。皮膚は体の内側にある構造を覆い隠してしまうので、私たちは皮膚からの情報に騙されてしまうことがあります。

例えば、一つ実験をしてみましょう。図の

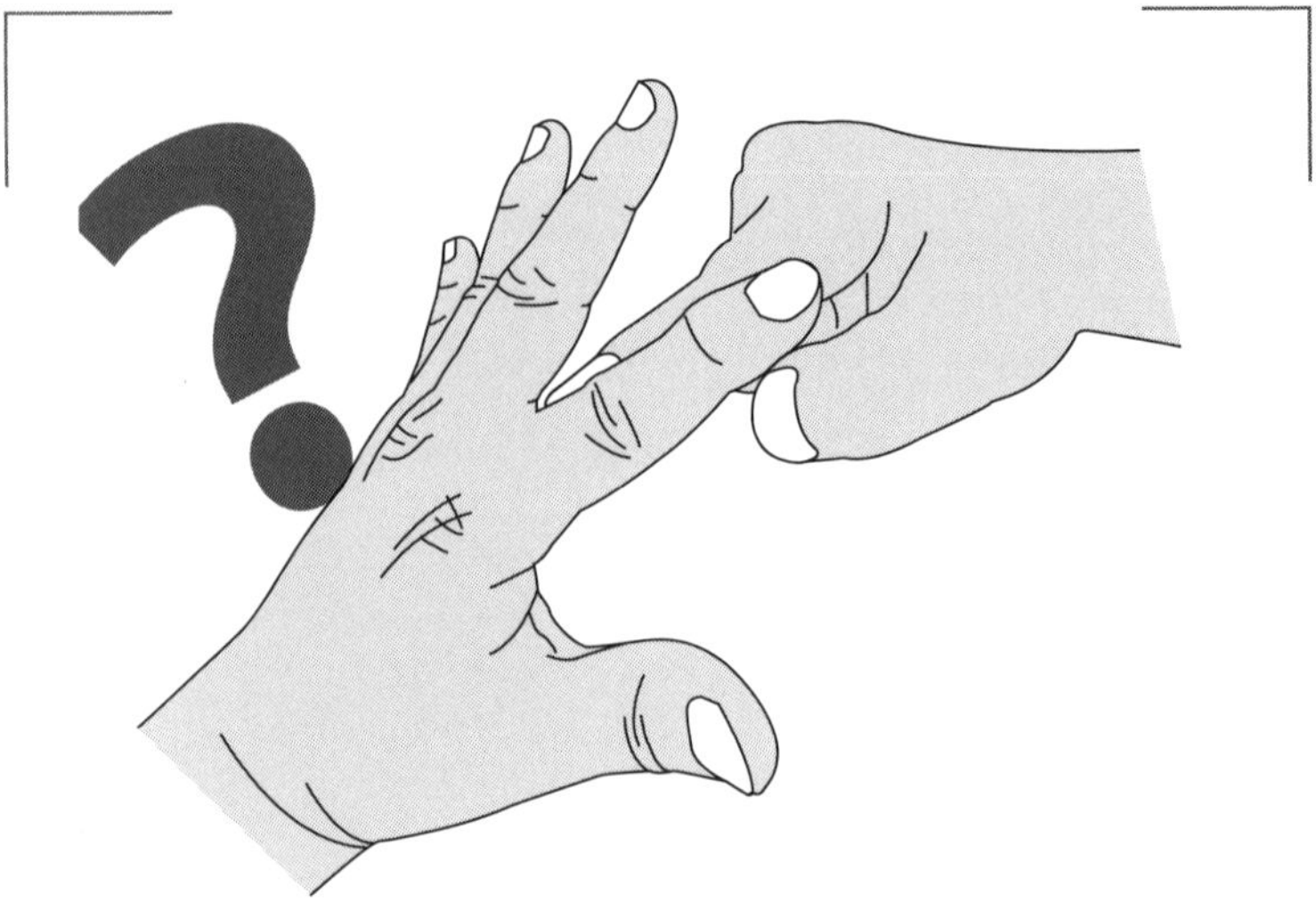

ように左の手のひらを上向きにして、指はまっすぐ伸ばした状態にしておきます（動かさないでくださいね）。右の人差し指で左の人差し指の第1関節を指差してみましょう。次に、第2関節、そして第3関節とずらしていきます。第3関節まで来たところで止めておいてくださ い。

どこを指差しましたか。多くの方はちょうど指が生えてくる場所、横方向のシワが入ったところを指差したのではないでしょうか。

では指差した場所はそのままにしておいて、左の手のひらを返して手の甲の方をみてみましょう。指差した場所の裏側に第3関節がありましたか。

そうなんです、ないんです!!

実際はもう少し手首寄りのところに関節があります。軽く指を曲げると一目瞭然かと思います。でも手のひらから見ると、皮膚や皮膚のシワに騙されてしまうことがあります。

ここでもう一つ面白い実験をしてみましょう。最初に第3関節があると思った場所（そう思わなかった人もいるとは思いますが）、つまり横シワのところで指を曲げようとしてみてください。なんとなく動かせる感じがするものの重い感じや動かしにくさがあるかと思います。次に本来の指の第3関節がある場所を動かすと思って指を動かしてみてください。さっきよりずっと楽に動かせたかと思います。

ここで言えることは、本来動く場所＝関節の位置、を知る（正す）だけで楽に動けるということです。そして、もう一つは、本来動かない場所、つまり関節がない場所であっても私たちの神経は動け！と指令を出せるということです。もちろん、間違ったアイデアを元に動かしたとしても実際動いているのは関節が存在する場所ですが、筋肉は神経の指令に従い無理やりでも動かそうとすることができます。ただ、経験していただいたように体は楽ではありません。もし体のあちこちでそんな間違ったアイデアがあれば、日常の動作で疲れやすい体になってしまいますし、体の故障の原因にもなります。ですからエクササイズも大事ですが、本来動くべきところで動かすよう指令を出すこと、つまり自分が持つ体の思い込みを変えていくことが大切です。

ちなみに、手のひらの内側には5本の独立した骨があります。皮膚を外して骨だけにしたら指

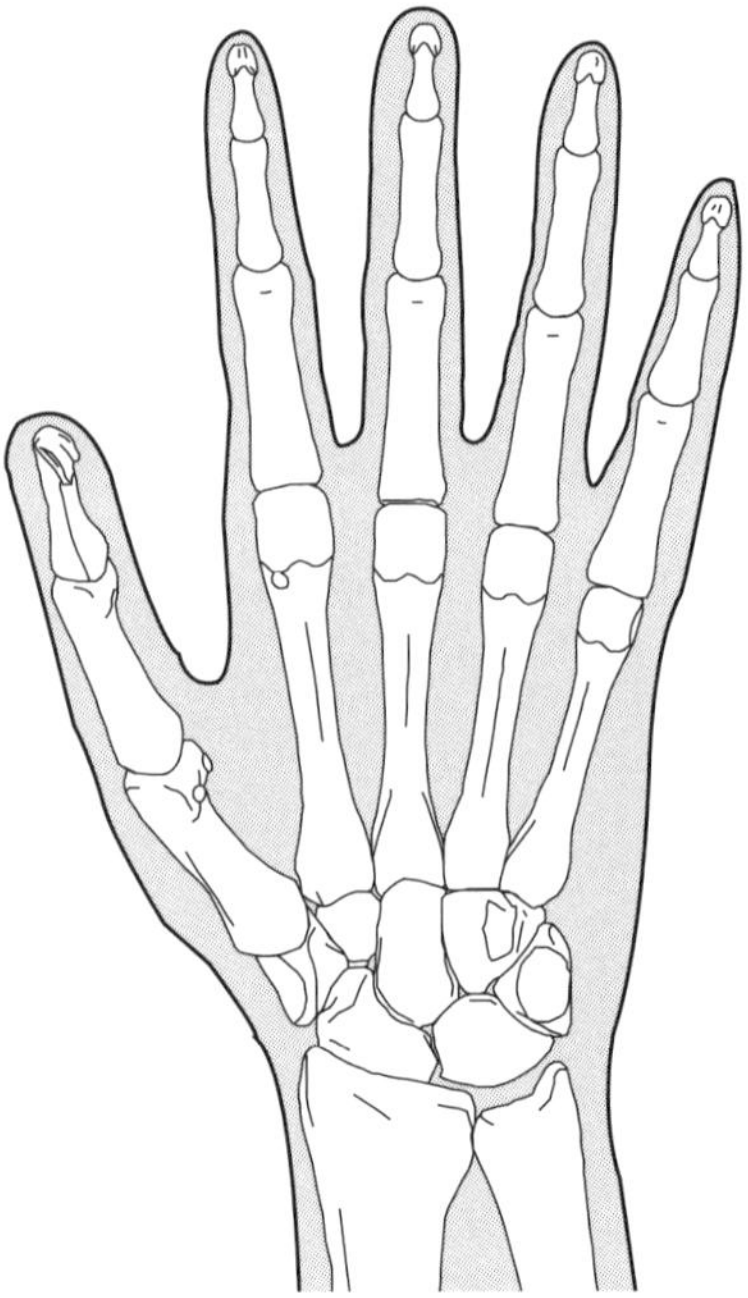

の始まりはずっと手前にあることがわかります（図を参照）。指が手首の少し先から始まっていると思って動かしてみたらどんな感じでしょう。指が第3関節から始まっていると思った時に比べ、より繊細に柔らかく動ける感じがしたのではないでしょうか。ぜひ正しい指のアイデアとともに家事や仕事など普段している動作をしてみてください。いつもの動作がもっと楽チンになるかと思います。

まとめ

・私たちが観察できる体は体の表面にある皮膚。その皮膚からやってくる思い込みがあります。
・手のひら側から見た場合、指の第三関節は手のひらの中にあります。
・指の始まりは第三関節ではありません。さらに手前から指の骨があります。
・私たちは本来動かない場所（関節がない場所）であっても、動け！と指令が出せ、筋肉はその指令に従うことができます。ただし、楽に動けません。

４ 体を支えるのはそこじゃない⁉ 〜でっぱりにだまされる〝背骨〟

前項では体の表面から見えるもの、皮膚からやってくる思い込みについて紹介しました。次は体の表面で触れられるものにだまされる場合をご紹介したいと思います。

体の表面から触れられるものは色々あります。柔らかいものもあれば、硬いもの、そしてその中間ぐらいの硬さ、様々ですが、いつの頃からかそれらが何なのか学んでいて、二の腕にぶら下

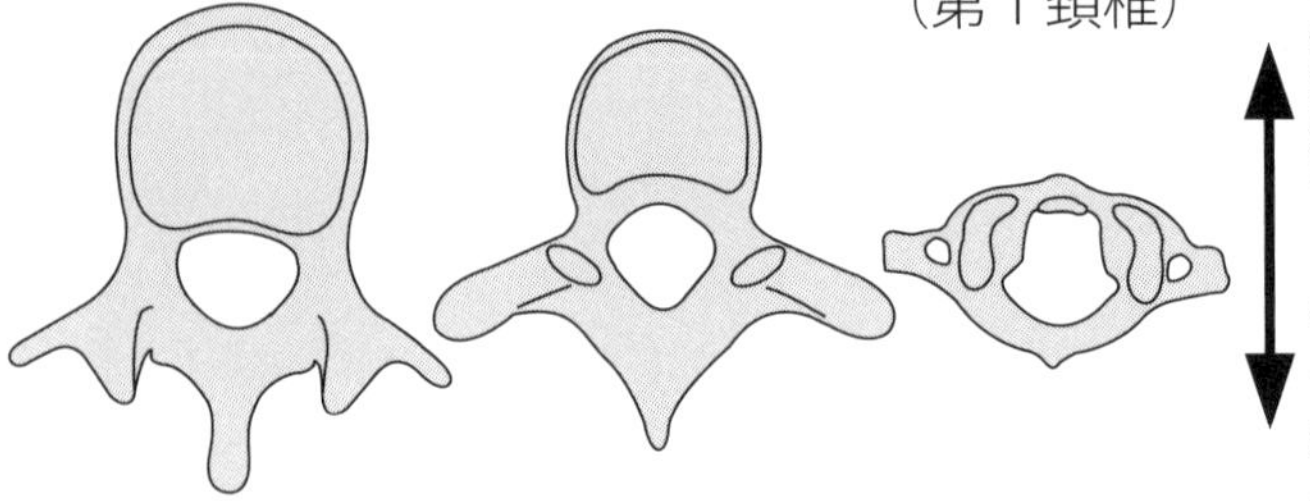

がる柔らかい部分を掴んで「脂肪がついてきた…」とショックを受けたり、盛り上がった腕の膨らみに触れて「筋肉がついてきた」とニヤッとしたり、「便秘だな…」といってお腹のあたりにある内臓を摩ります。硬いゴツゴツした部分はご存知の通り骨で、表面に向かって飛び出している骨の一部を触れることができます。そして、私たちはこの骨のでっぱりにだまされることがあります。

例えば、「背骨を触ってみてください」と言うと、ほぼ全員の方が手を背中に回し、縦に伸びる小さなゴツゴツの連なりを触ります。もちろん正解、背骨です（専門用語で脊椎と言われる骨です）。ただここにちょっとした落とし穴があります。この背中の表面にあるでっぱりが背骨であることは間違いないのですが、あくまでも背骨の一部ということです。では実際の背骨全体がどんな形をしているかというと、ざっくり言えば体重を支える柱の部分と突起の部分に分かれます（正確に言うと一つひとつの背骨は形が異なっていて、第1

横から見た胸椎

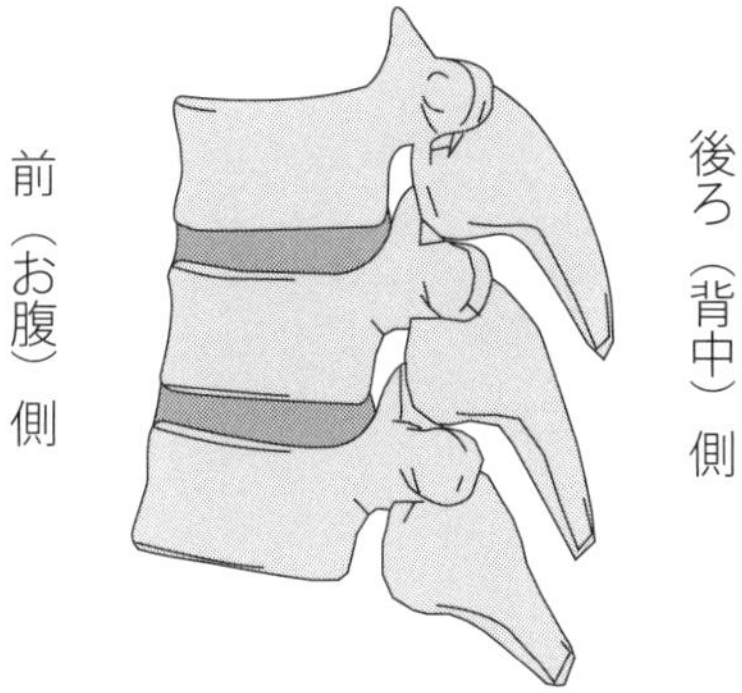

頸椎や第2頸椎は柱と突起という分け方に当てはまりません）。

　理解しやすいように図をみてみましょう。前ページの図は上からみたところです。柱にあたる丸い部分とその先に飛び出した突起がみてとれます。丸い部分が前（お腹側）、突起は後ろ（背中側）になります。横から見ても、前にある部分（上からみたら丸い部分）が体重を支える柱の役割をしているのがよくわかります（上掲図参照）。しかし、背骨に関する解剖学的知識がある人以外は、このでっぱり、つまり突起の先端を触りながら前にある柱の部分が頭に浮かぶことはありませんので、背骨イコール触れている部分（突起の部分）になってしまいます。すると、この突起で体重を支えるんだ！と思い込んでしまうかもしれません。反り腰の方は、腰椎（腰の高さにあたる背骨）の突起に体重がかかっている状態になっています。そんな時は、自分が持つ背骨のアイデア（思い込み）を書き換えると体が整

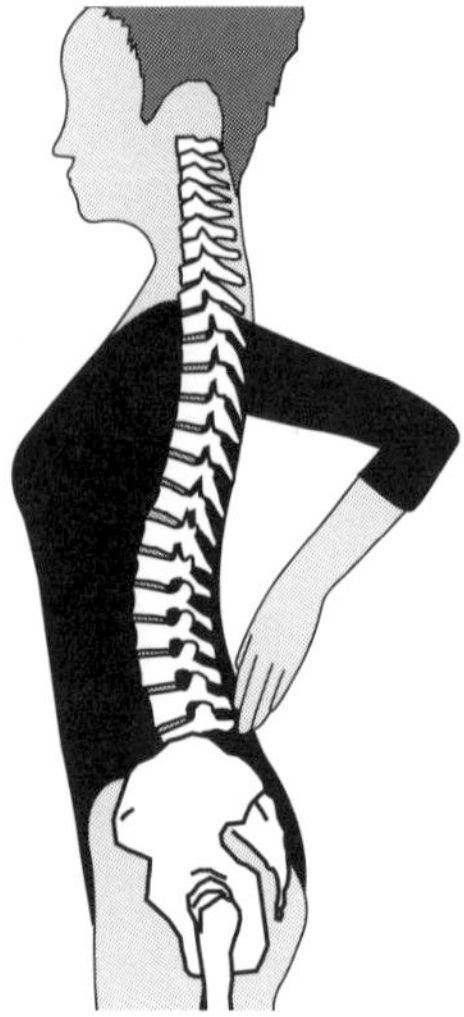

2種類のイメージ仕方で感覚はどのように変わる？

① 腰のあたりの背骨のでっぱりに触れ、ここで体重を支えるとイメージする。
② 骨盤の奥行きを基準に、ちょうど真ん中くらいにある“柱”をイメージする。

うかもしれません。

ではどんな風にアイデアを書き換えれば良いかというと、一つは先に述べた、突起の前には支柱があって、そこで体重を支えるということです。もう一つはその支柱がどのあたりにあるか、背骨の奥行きについてのアイデアを足してあげると良いかと思います。背骨の奥行き（前後径）は、頚椎で首の後ろ3分の1、胸椎で後ろ4分の1、腰椎で2分の1を占めます。腰に関しては、多くの方が思っているよりずっと前に背骨の柱がありま す（ちなみに、ビール腹の方はお腹の膨らみは差し引いて考えてくださいね）。

ここで実験してみましょう。腰あたりの高さで背骨のでっぱり（突起の先端）を触れて、ここで体重を支えると思ってみてください。反り腰になって、腰のあたりがぎゅっと緊張したり、痛みを感じる方もおられるかと思います。では次に柱の位置を思い出してみましょう。骨盤の奥行きを基準に、ちょうど真ん中ぐらいまで柱があってそこで支えると思ってみてください。どんな感じがしましたか。先ほど腰のあたりに感じられたストレスがなくなった感じがしたのではないでしょうか。

まとめ

・体の表面から触れられる骨のでっぱりにだまされることがあるので要注意!!
・例えば背骨。背骨には体重を支える支柱と、そこから伸びた突起があります。背中で触れるでこぼこは突起の先端で、体重を支える場所ではありません。
・背骨の奥行き：頚椎は後ろ3分の1、胸椎は後ろ4分の1、腰椎は後ろ2分の1を占めています。つまり腰のあたりは体の真ん中あたりまで背骨があります。

5 動かすのはそこじゃない⁉ 〜見える動きにだまされる〝股関節〟

「股関節」。脚の付け根あたりにある関節というアイデアは、ほとんどの方がお持ちかと思いま股関節は、ボールのような形をした大腿骨の一端と、そのボールを収める丸いお椀のような受け皿を持つ骨盤とで形成されており、一般に思われているよりも内部に存在している。

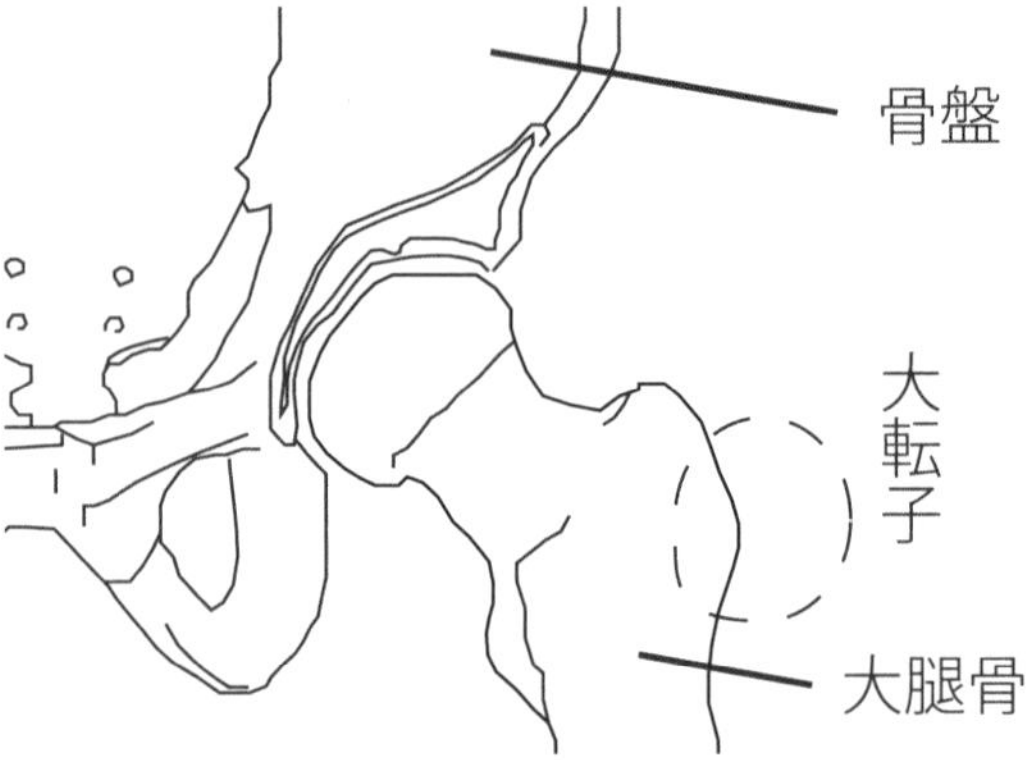

股関節の位置

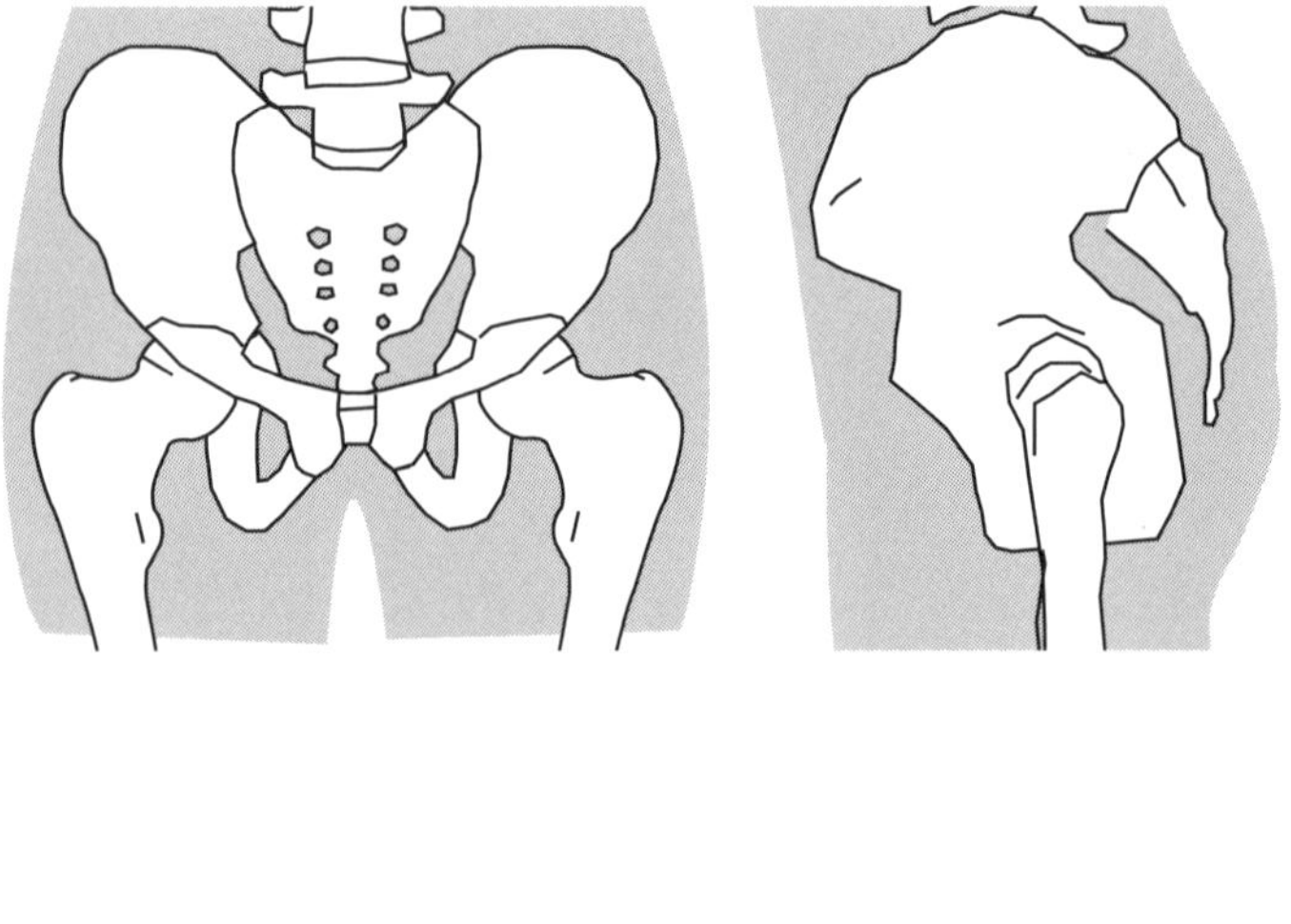

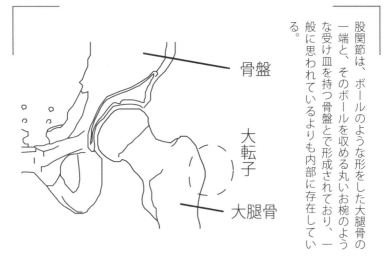

す。股関節はボールのような形をした大腿骨の一端と、そのボールを収める丸いお椀のような受け皿を持つ骨盤とで形成されており、あらゆる方向に動ける可動性に優れた関節です。つまり、動いてナンボともいえる関節なんですが、意外と動いていることに気づかれなかったり、本来の可動性を十分活かせていないことがあります。

なぜそのようなことが起こるのか、色々理由はありますが、その中の二つを紹介すると、一つは股関節は深層にあり、他の関節のように表面から見たり触れたりすることができないため、三次元的に正確な股関節の位置を理解していないことが影響しているように思います。その結果、股関節を動かしているつもりで実は近隣の関節が動いていることがあります。

そして、もう一つは、表面から見える動きにだまされている、惑わされていることもあるように思います。例えば、バレエや太極拳では足先を外に向けていくような動きがあります。見た目は、足先や膝が外を向いているのですが、実際に動いている場所（関節）はずっと遠くにある股関節です。股関節が外方向に回転することで行われます。しかし、足先を外に、膝を外にと思って、足部や膝を無理に捻ろうとしていると故障の原因になります。

上半身・頭の動きも然りです。例えばお辞儀や立ち上がり時にみられる前傾姿勢では頭が大きく前に移動していきます。動きとして目立つのは上半身や頭の移動かもしれませんが、実際に動きに大きく関与している関節は股関節です。しかし、上半身の重心を前に移動すること、頭を前に動かすことばかり考えて、股関節の動きを忘れていたり、知らず知らずのうちに股関節の動きにブレーキをかけながら骨盤から上だけで無理に動こうとしていることがあります。そんな時は、意識の向ける先を股関節に変えてみると楽に動けるかもしれません。股関節の位置やボールのような形状をしていることを思い出し、実際に動きがおこる場所で、ボール（骨頭）が受け皿（臼蓋）の内側で転がっていることをイメージして動いてみると、簡単に体は前傾できます。最初は骨盤の横あたり（股関節があるあたり）に手を置き、そこが動くと思ってやってみるとわかりやすいかもしれません。加えて、重力の助けを借りると思うと、少し頭を傾ければさらに楽に前傾できるのではないでしょうか。

ちなみに骨盤を立てる、という動きも、股関節の動きが必須です。しかし、骨盤の動きばかり意識し、力づくで骨盤を立てようとすると腰が緊張してしまいます。そんな時は、球体である股関節が自由に動けることを思い出してみてください。

バレエの"ターンアウト"

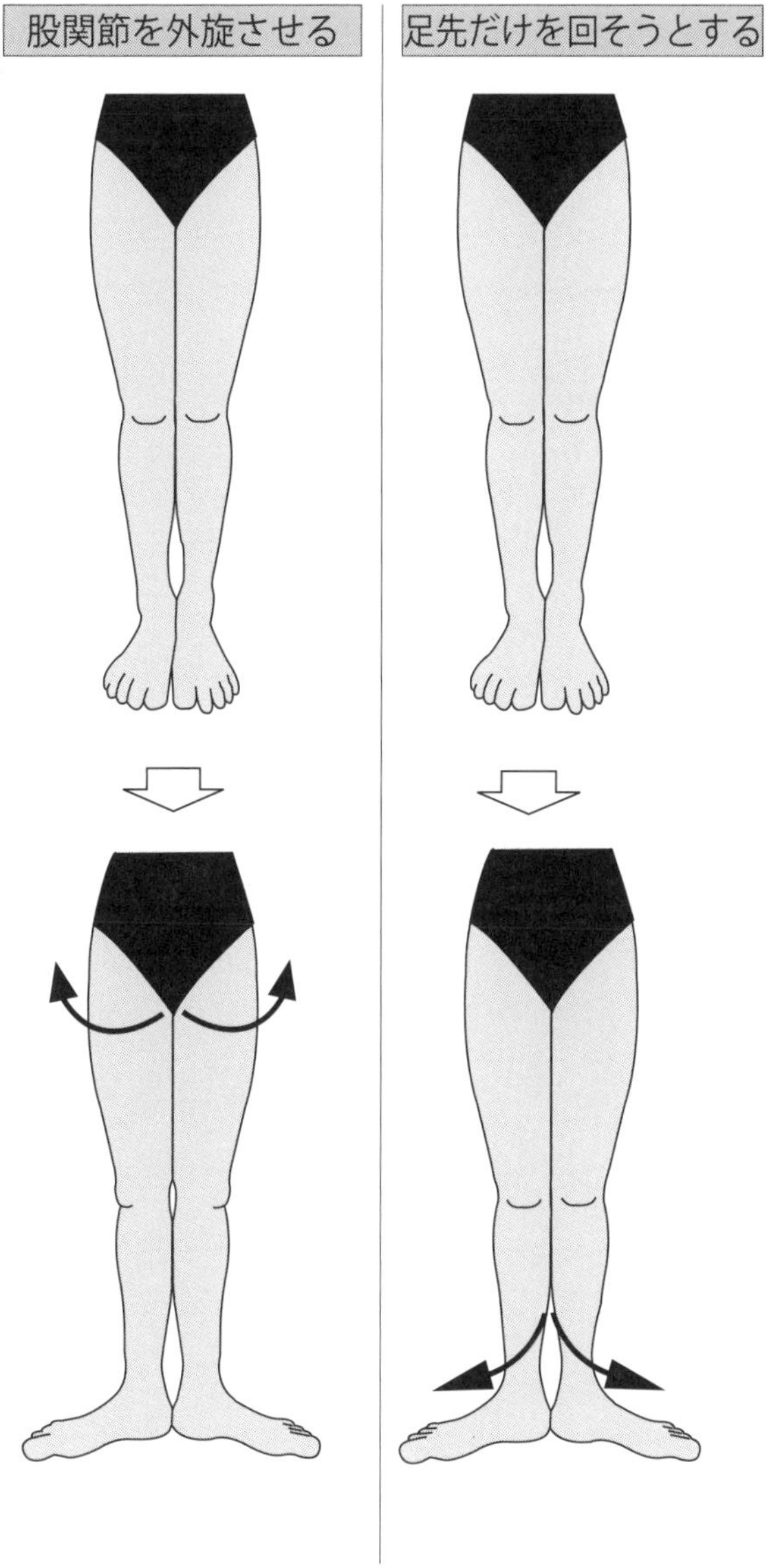

バレエで"ターンアウト"と呼ばれるつま先を開く動き。足先を回すことだけに意識が向き、股関節が固まった状態にあると、ねじりの力が働き身体に負担がかかる。この際、足先と膝の向きが大きくくずれている。正しく"股関節を外旋させる"意識で行なうと自然でスムースに回すことができる。

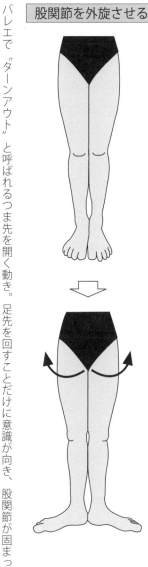

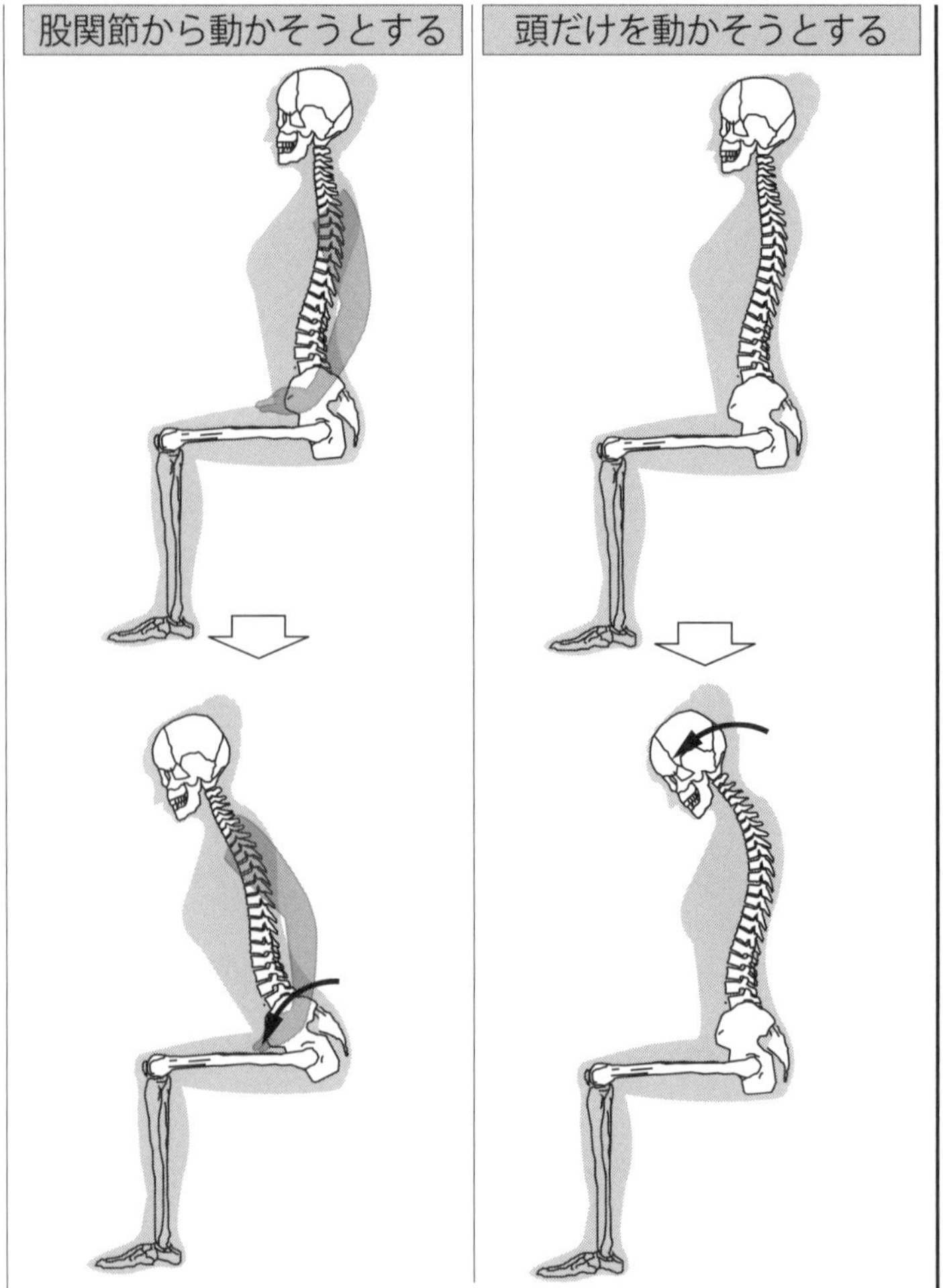

椅子に座っている状態から立ち上がろうとする時、頭を前に倒すことばかりを意識し、股関節が動けない状態にあると、上体は十分前傾できない。
股関節がある辺りに手を置いて、股関節が回転する意識を持つと、上体全体がスムーズに前傾し楽に立ち上がることができる。

合氣道技　後ろ手首取り呼吸投げ

背後から両手首を掴まれた所を、両手を頭上に差し上げて前方に投げる「後ろ手首取り呼吸投げ」。
右列のように、股関節が止まり、骨盤より上くらいの部分しか使われないような動きでは相手を投げる力は生まれないが、左列のように股関節を動かす事によって全身を屈曲させると、大きく投げ放つ力が生まれる。

コラム

○股関節の位置

股関節の位置に関するお話です。股関節はどこらへんにありますか？と聞くと、いろんな回答がやってきます。骨盤のでっぱりや太腿の付け根の横側に触れられるでっぱり（大転子と言われる大腿骨の一部）を股関節と思っている方がおられますが、違います。また骨のでっぱりにだまされなかった人も、体の深部にあり、表面から見たり触ったりできない股関節の位置を三次元的に正しく理解している人は少なく、たいていは実際より前後左右上下いずれかや複数にわたりズレています。では実際の股関節がどこにあるかというと、横からは大転子と呼ばれる骨のでっぱりを指標とし、その奥・やや上にあります。また、前からみると鼠径部と言われるラインの中心あたりに位置します。思っていたより後ろだった、あるいは内側だったという方がおられるかもしれません。股関節を前からばかり意識している方は、奥行きという概念を思い出したり、三次元的に股関節の位置を捉え、球体の股関節の上にバランスをとっていると思うと普段と違う動きや姿勢が感じられると思います。

ちなみに、この三次元的な位置は立っている時は比較的わかりやすいですが、座ってみると、再び位置の認識のズレが生じてくることがあります。座っている時や正座している時は、股関節・脚の始まりを太腿骨の途中と思いがちなので、注意してみてください。

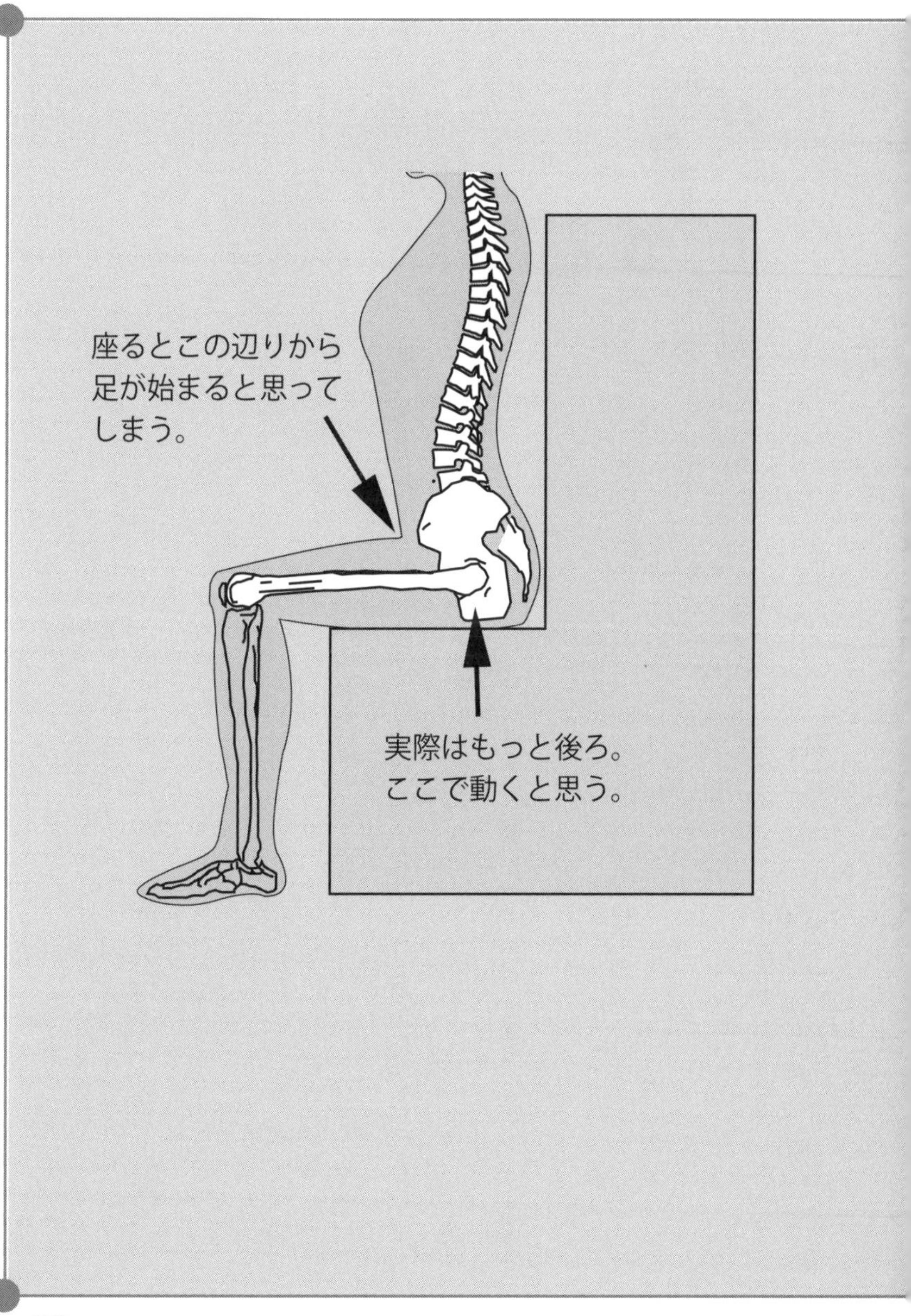
座るとこの辺りから
足が始まると思って
しまう。
実際はもっと後ろ。
ここで動くと思う。

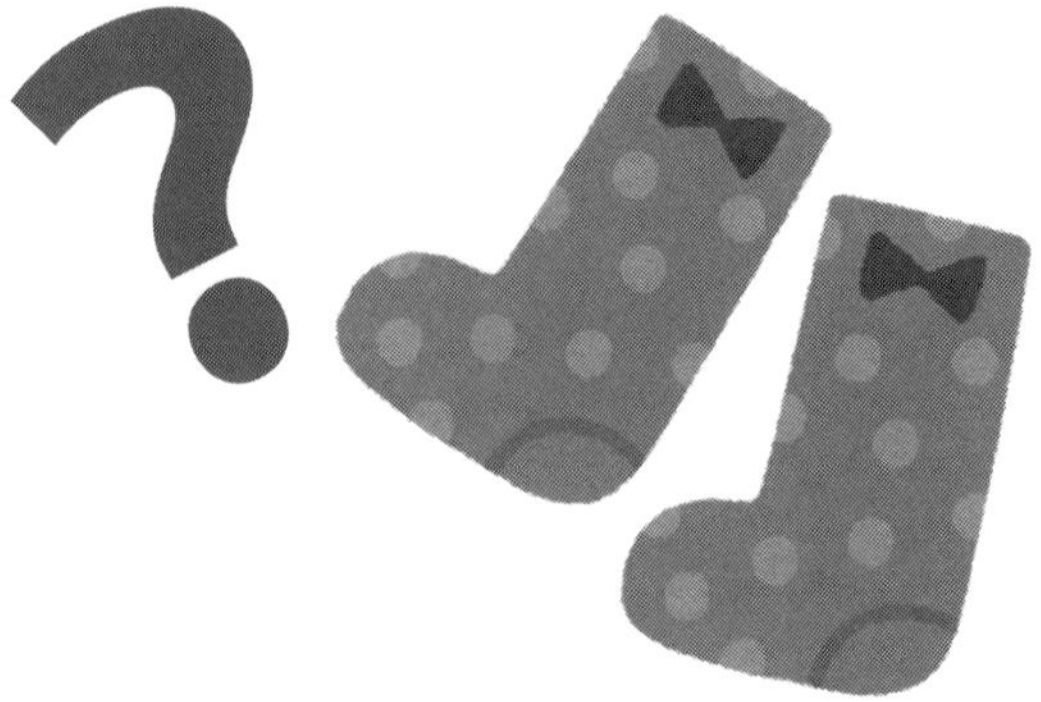

6 付け根はそこじゃない!?〜服にだまされる〝足・腕〟

私たちは体以外のものからも体について学んでいます。その一つは衣類ではないでしょうか。

例えば靴下や長靴。ざっくりみるとL字のような形状をしています。子供の時にお絵描きした記憶を思い出していただくと、靴下や靴、そしてその中に収まる膝下から足先にかけての体をL字のように描いていたという方は結構おられるのではないでしょうか。そして、大人になった今も、膝から足先にかけての形はL字、つまり膝下から縦に伸びる骨（下腿の骨）の真下に踵があると思い込んでおられる方がおられるかもしれません。

しかし実際はそうではありません。図を見ていただくと分かるように、踵は下腿の骨より後ろ側にあります。つま

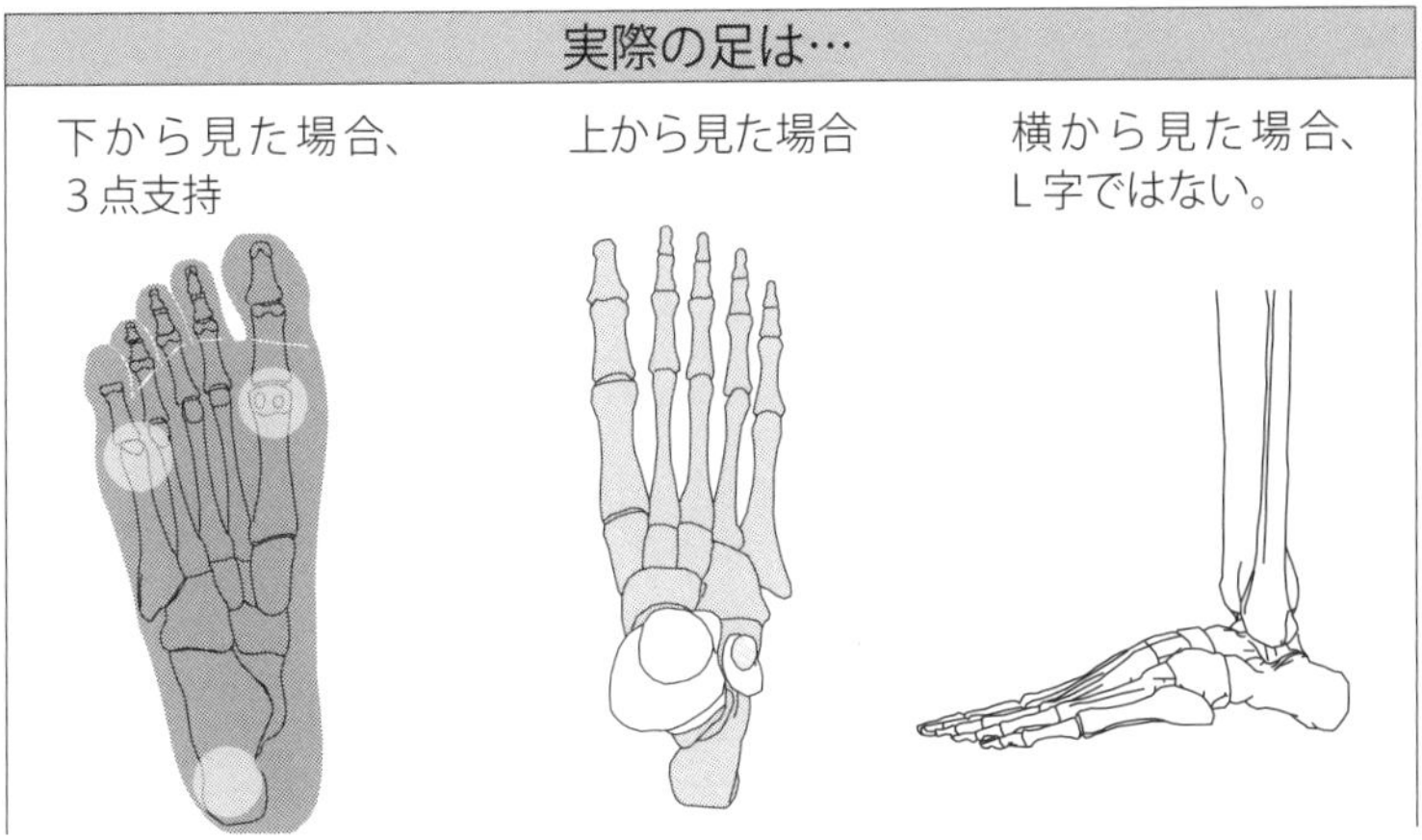

り、足は前だけでなく後ろに向かって伸びているということです。

　そう思って立ってみたらなんとなく安定感が増しませんか。重心の位置が変わった方もおられるかもしれません。また、足部の前は左右に広がりがあり、前足部の内側と外側、踵の3点で支えると思うと、さらに安定が増すかと思います。逆に、足はL字のような形状で下腿の真下に踵がある、前足部と踵の2点で支えると思うと、重心が後方に移動し浮き指になったり、左右にぐらぐら不安定になる感じがするのではないでしょうか。

　上衣からやってくる思い込みについても考えてみましょう。腕の始まりはどこかという質問を投げかけると、たいていの方は肩のあたり、洋服の袖がくっつくあたりを基準にしておられます。お洋服の採寸をされる方は腕の長さというと肩から手首までの距離を計られるのでなおさらだと思います。でも実際の腕の始まりは、骨でみると前面が鎖

どこを腕の始まりと意識するかで腕の上がりやすさが変わる実験。多くの人が始まりと考えている“袖の始まり（肩関節）”に比べ、肩甲骨と鎖骨を腕の始まりと意識すると、それだけで腕を上げやすくなる。

骨、後面が肩甲骨になります。鎖骨の内側のでっぱりに触れてゆっくり腕を上に外に動かしてみてください。鎖骨が動いているのが感じられると思います。

では一つ実験をしてみてください。肩のあたり、つまり洋服の袖の始まりの部分を触れ、そこから腕が始まると思って右手（腕）をあげてみてください。今度は肩甲骨と鎖骨が腕の始まりと思って左手をあげてみてください。左右で動かしやすさが変わったのではないでしょうか。ダンサーの方の腕が長く見えたり、しなやかに動いているのは、この鎖骨と肩甲骨が腕の一部として、残りの腕の部分と協調して動いているからです。洗濯物を干す時、窓掃除をする時、腕の始まりは鎖骨と肩甲骨と思ってやってみてください。ずっと楽にできると思います。

上衣の次は下衣からやってくる思い込みを紹介したいと思います。

私の子供時代はズボンやスカートはウエスト部分、いわゆるくびれと言われるところで履くものでした。その影響か、私は長年にわたり上半身・下半身をウエストあたりを基準にわけていたように思います。

しかし、ウエストは肋骨と骨盤の間にあたる部分で、骨でいうと腰椎にあたります。ウエストと思うと、上下に伸びている脊椎がここで分断され、腰椎の一部（下の方）やその下につながる仙骨や尾骨の存在が忘れられてしまいます。また、動きの中心がウエスト部分（腰椎）で生じ、

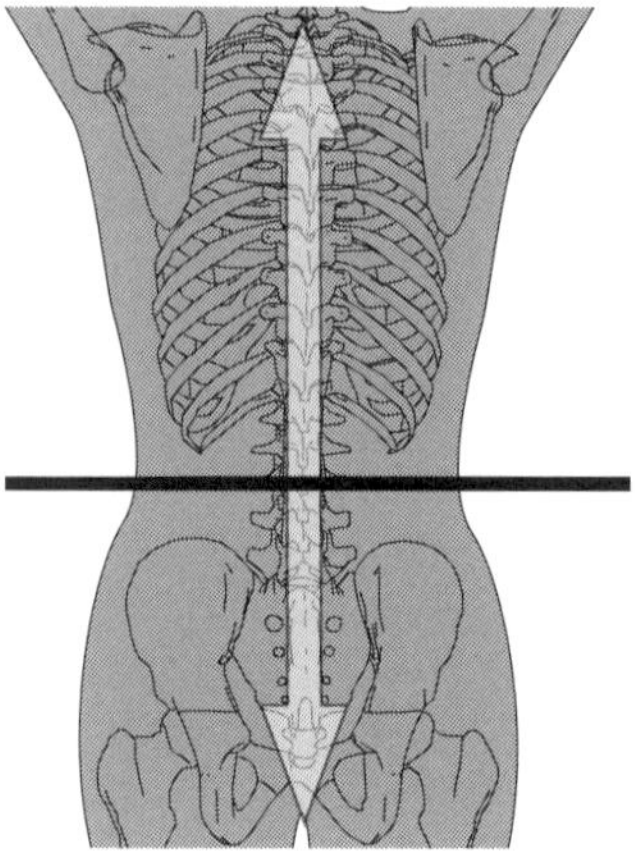
ウエストと思うところで意識が切れてしまい、動きが損なわれる。

その下にある可動性の大きな股関節の動きを犠牲にしてしまいがちです。ウエストというアイデアを一旦横に置いておき、頭の下から尾骨まで伸びる背骨を思い出してみたり、上半身と下半身の境を股関節と思ってみると、動き方が変わるのではないでしょうか。

洋服のデザインは時代によって流行があります。私が生きている間だけでも洋服のスタイルはどんどん変わっています。ウエスト履きだったズボンやスカートは腰履きに変わり、最近はまた「ハイウエスト」といったワードとともに高い位置で履くスタイルが復活しています（ハイウエストというワードを考えると、いまやウエストの意味合いすら変わってきているようにも思いますが…）。また男性であればお尻あたりまでズルッとズボンを下げるのが流行った時期もありました。どんな洋服とともに過ごしたかで体の認識や動き方が違うのかもしれません。

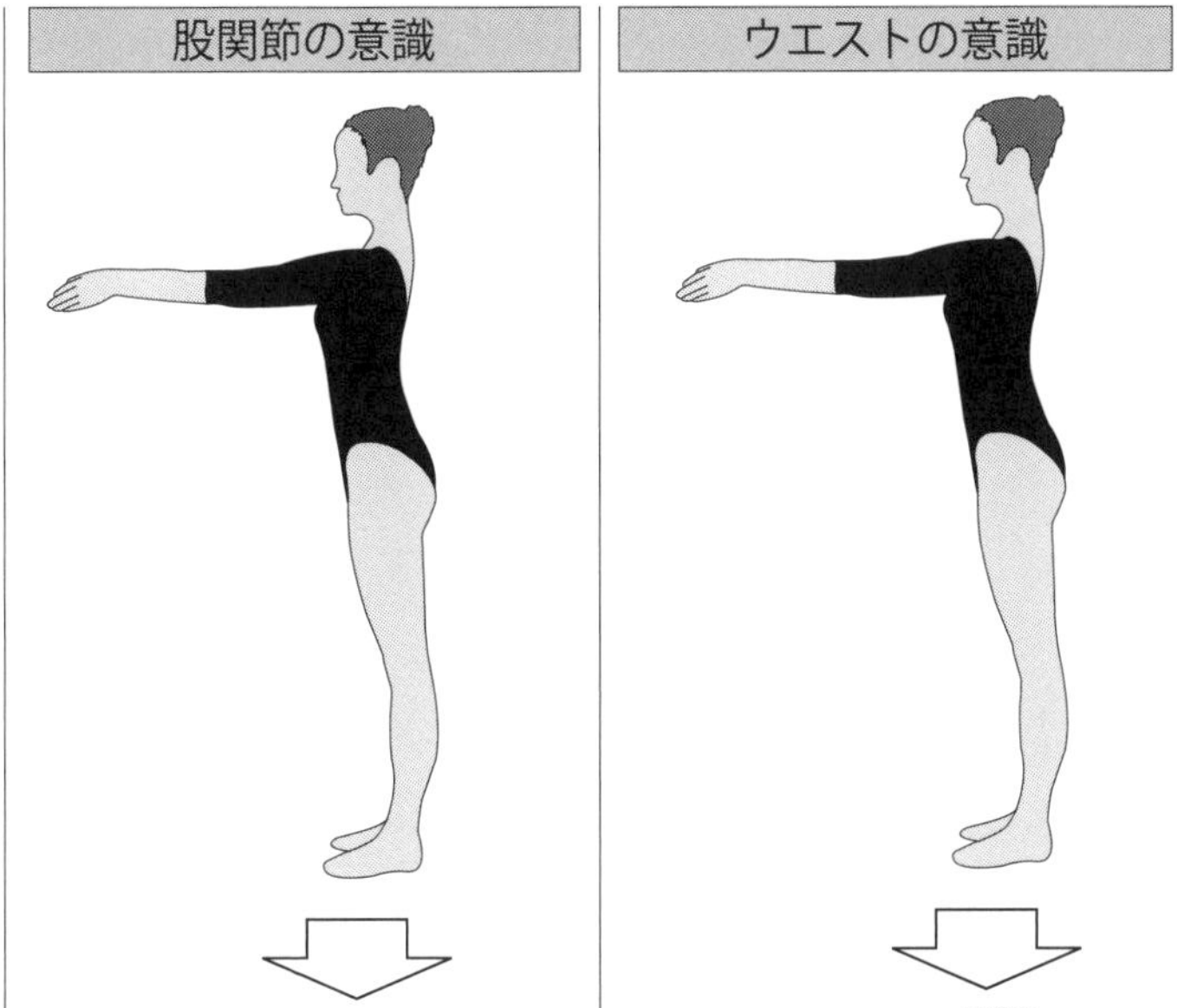

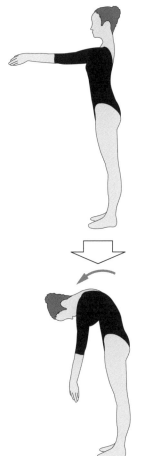

ウエストを意識して前屈動作した場合、股関節は動かず、背中を小さく丸めるような動きになってしまう。
頚椎（首の骨）から尾骨までの連なりを念頭におき、股関節の意識を持つと、背中が過度に丸まらず、深く前屈することができる。

バレエの〝アラベスク〟

片脚を大きく上げてポーズをとるバレエの技法〝アラベスク〟。

ウエストの意識が強いと、腰（ウエスト）で折れ曲がるような動きとなり、腰に負担がかかる。

股関節と背骨全体の意識を持つことで、腰に負担をかけず伸びやかな動きができる。

ウエストで動く

股関節＋背骨全体で動く

合氣道技　後ろ取り呼吸投げ

股関節で動く　　ウエストで動く

背後から腕ごと抱きかかえられたところへ、両腕を広げつつ相手を浮かせ、回転様に前方へ投げる合氣道技「後ろ取り呼吸投げ」。

背骨の途中（ウエスト付近）から体を捻り投げようとすると大きな力が出ない。

股関節を中心に、伸びやかなままの背骨を大きく回すよう意識すると、大きな力を生む事ができる。

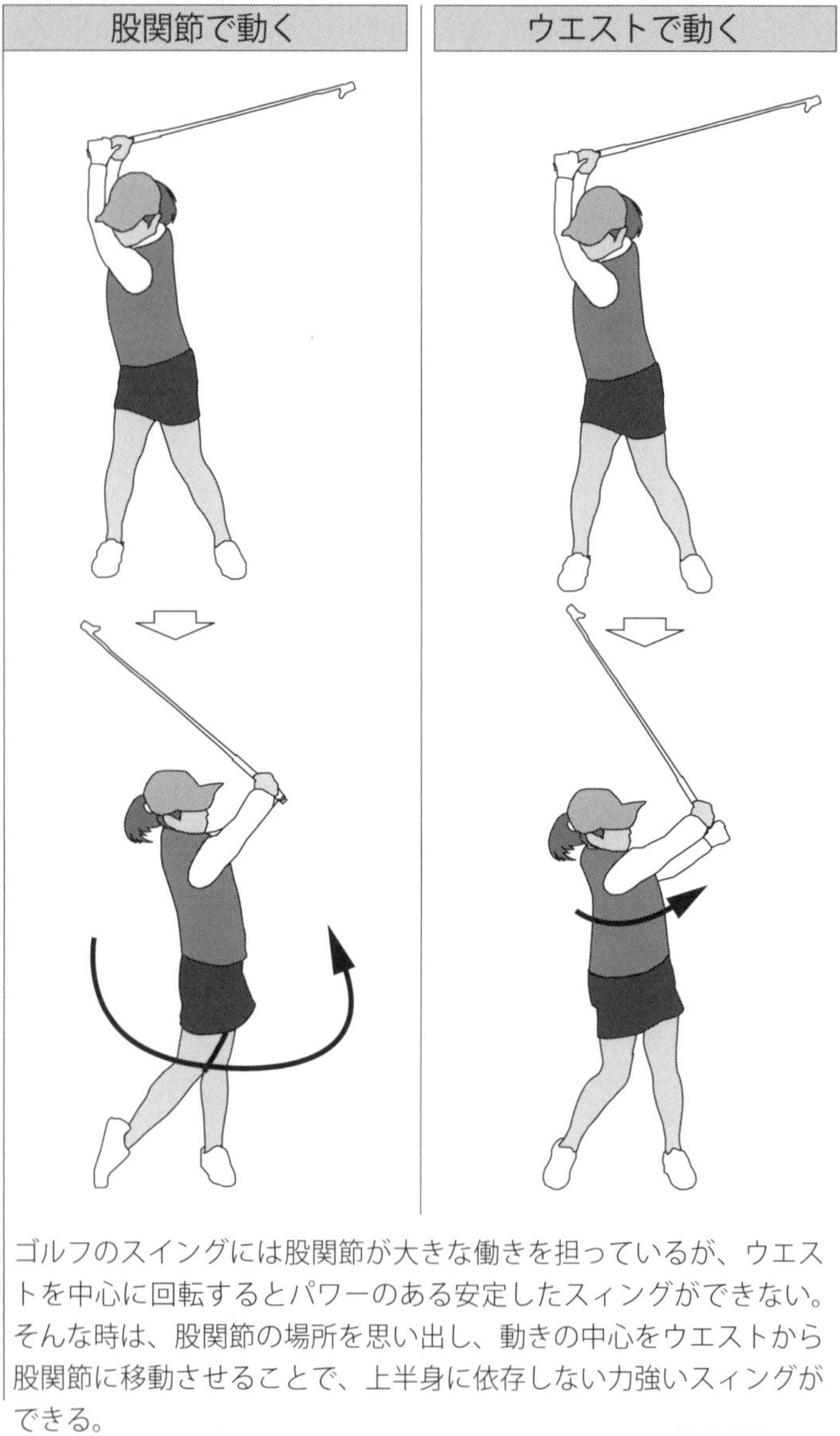

ゴルフのスイングには股関節が大きな働きを担っているが、ウエストを中心に回転するとパワーのある安定したスィングができない。そんな時は、股関節の場所を思い出し、動きの中心をウエストから股関節に移動させることで、上半身に依存しない力強いスィングができる。

まとめ

・私たちは衣類から、体についてのアイデアを得ています。
・足は靴下のようにL字ではありません。踵は下腿の骨より後ろにあります。
・腕の始まりは、袖の始まりではありません。鎖骨と肩甲骨が腕の始まりです。
・上半身と下半身の境界はウエストではなく、股関節。

7 パワーを出すのはそこじゃない⁉ ～サイズとニックネームにだまされる動き

いきなり質問ですが、親指と小指、どっちがパワーの源でしょうか？

答えを言ってしまうと、小指です。武道をされている方はご存知かと思いますが、読者の中には驚いた方、そんなこと考えたこともなかったという方がおられるかもしれません。でもそうなんです。力の源は親指ではなく、小指です。

でも、サイズをみると、親指は一番太くて強そうにみえます。それにひきかえ、小指は細くて

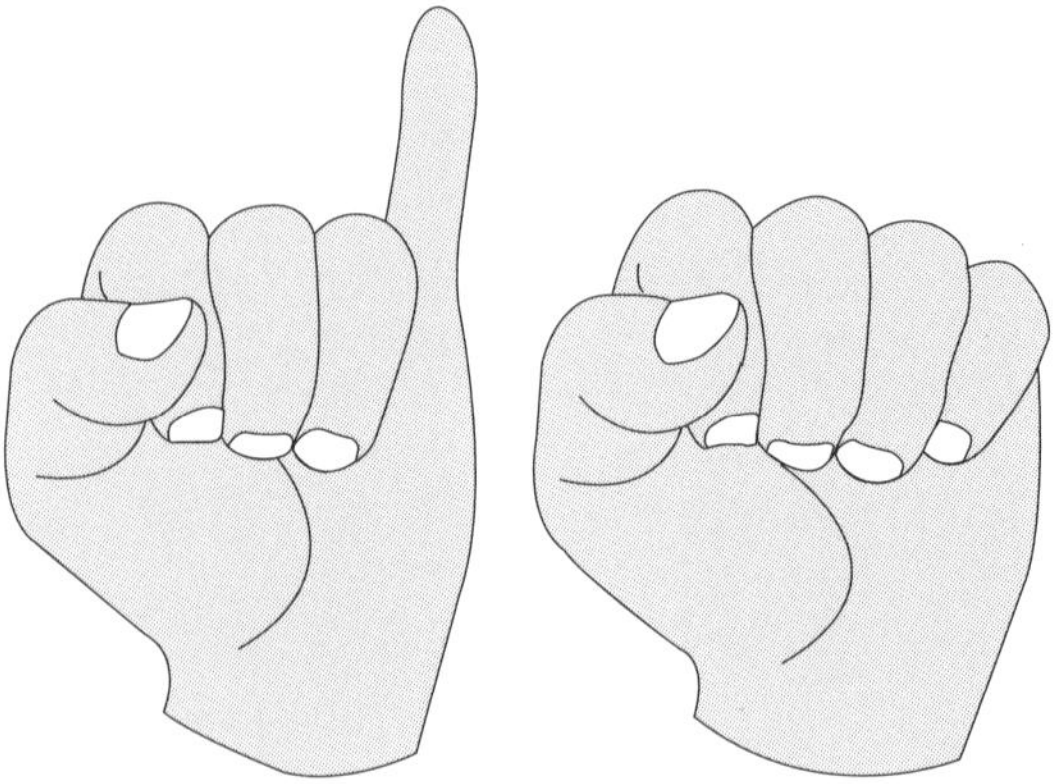

小指を伸ばしたまま、他の指で握り込んでも、思いのほか強い力は発揮できない。小指は力強さや安定感に大きな役割を果たしている。

どうみても弱々しそうです。しかも「お父さん指」「赤ちゃん指」なんていうニックネームがついているので、パワーは親指からやってくると思っても仕方ありません。もし実際の家庭で、力仕事はお父さんより赤ちゃんが頼りになるなんてことになったらお父さんの面子は丸つぶれですし、家庭崩壊の危機みたいになってしまいます（笑）。

話が逸れてしまったので戻しますが、力の源は親指ではなく小指であることを、まずは実験で確認してみましょう。最初に小指（と薬指）を軽く曲げておき、思いっきり手を握ってみてください。今度は小指（と薬指）を伸ばした状態で残りの指だけで力一杯握ってみてください。おわかりいただけたと思います。明らかに前者の方が力が発揮できましたよね。つまり、手に力強さや安定感が欲しいときは、小指側の使い方や小指への意識が大切になってきます。

湯呑みを持ち上げるとき、買い物袋を持つとき、野球のバットやテニスのラケットを握るとき、小指側へ注意を向け、小指と薬指を参加させることで握る手が安定します。小指や薬指を力一杯握る必要はありません。触れるもの、握るものに馴染ませるように、あるいは物と一体化するようなつもりで小指と薬指をそわせたあと、残りの指をそわせると安定した握りや把持ができると思います。親指側から握っていくと、力が上手く発揮できなかったり、力んでしまうので注意してください。

ここで記憶定着のために一つ余談ですが、子供の時、友達と約束をするときに「指切りげんまん」の歌を歌いながら指切りをしたかと思います。小指がパワーの源ということを知った時、〝そうか、それで指切りは小指なんだ。親指で指切りしたら歌ってる間に外れちゃうかもしれないし、固い約束には小指じゃなきゃね〟、なんて思ったのを記憶しています。が、実は全然違うようです。

どうでもいい雑学をここで紹介しますが、「指切り」とは、江戸時代に遊女がお客さんに対して不変の愛を誓うために、小指を切り落とす習慣があったことが由来だそうです。小指を切り落とすって、確かに固い約束です…。しかも、歌にある「げんまん（拳万）」、約束しなかったら拳骨（げんこつ）で一万回殴るっていうことらしい…。小指で十分じゃないの!?　そこまでしなくても…という感じですが、これでもまだ終わらないんです。留めは「針千本飲ます」って殺人事件じゃありませんか!!　子供があんなに楽しそうに歌っているのに、残酷すぎますよね。

ということで、これからは、パワーの源である小指で指切りすることで約束は破れない、としてはいかがでしょうか？

どうでもよい雑学紹介でしたが、これで、小指のパワーをしっかり記憶に定着していただけたかと思います。

コラム

○合氣道で重要！「小指のライン」

合氣道のお稽古で「小指のライン（線）」という言葉がよく使われます。小指は腕の下側（裏側）、背中（肩甲骨の下あたり）、腰へと繋がりを持っており、このラインを意識することで、余分な力が抜けリラックスしていながら脱力でない、安定した腕が得られます。一方、親指のラインは、親指から腕の上側から頸部へと繋がっており、腕や首周りが緊張しやすくなってしまいます。試しに、親指のラインを意識しながら（あるいは意識しやすいように親指を軽く曲げた状態で）腕を持ち上げてみてください。なんとなく腕の上側が緊張し肩がすくんでくる感じがするのではないでしょうか。これを合氣道では「重みが上」と表現したりします。

一方、小指のラインを意識すると（意識しやすいよう、軽く小指・薬指を曲げても構いません）、肩がすくまずリラックスして腕が上げられると思います。これを「重みが下」と表現します。

この小指のラインは物を握ったり持ったりする時はもちろんですが、様々な場面で使えま

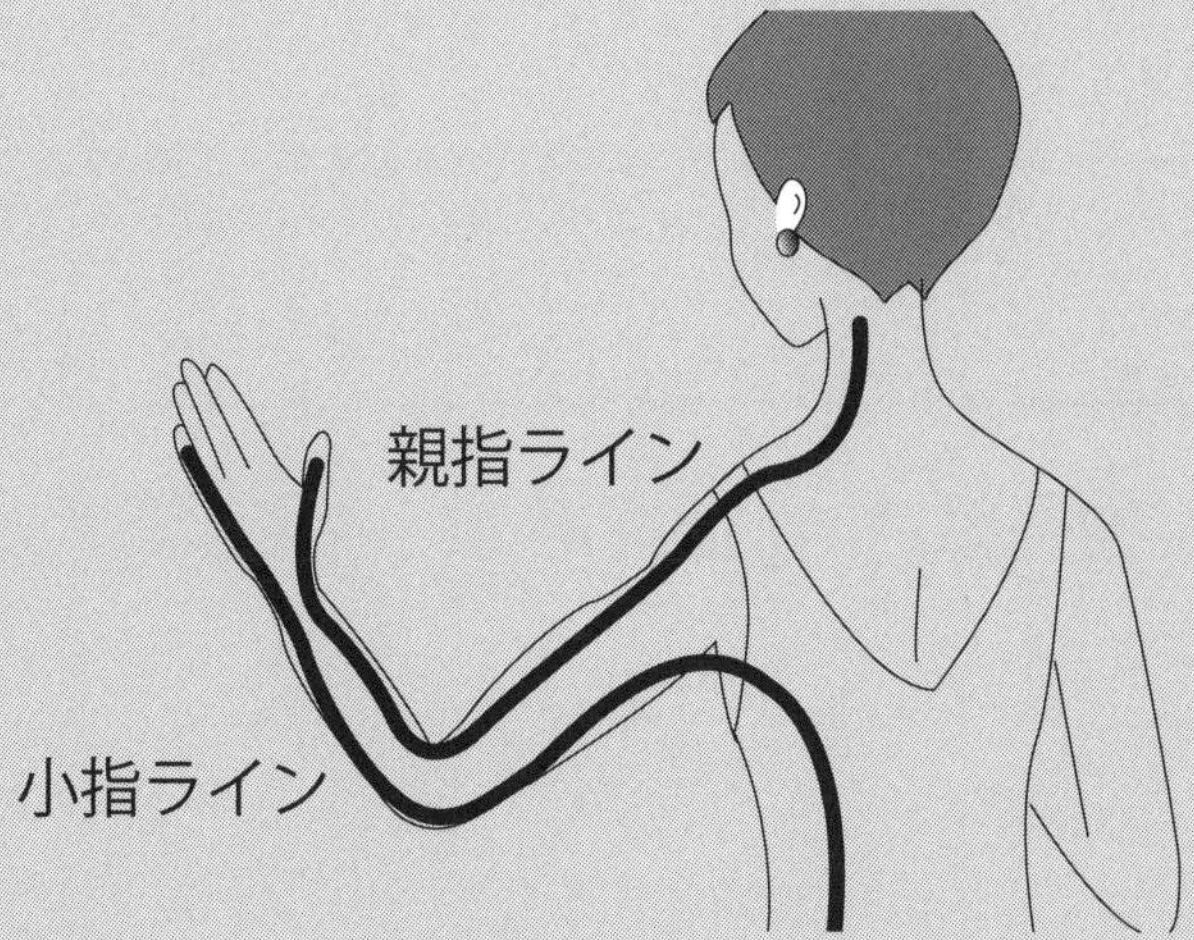

す。例えば、マラソン。走っている最中に首や肩周り（上腕二頭筋）の緊張や肩のすくみに気付いた時、あるいは、腕全体のまとまりがなくブラブラしすぎてしまう時に、ちょっと小指のラインを思い出してみると、リラックスしていながら安定感のある腕の動きが得られるかもしれません。

バレエダンサーの方は、腕を上げる際に肩甲骨（肩）が持ち上がらないよう指導されており、力づくで肩甲骨を押し下げようとしている方がいますが、そんなときは小指のラインを少し意識することで、肩甲骨（肩）が持ち上がらず、かつ背中の広がりを感じながら動けるのではないでしょうか。ぜひ実験してみてください。

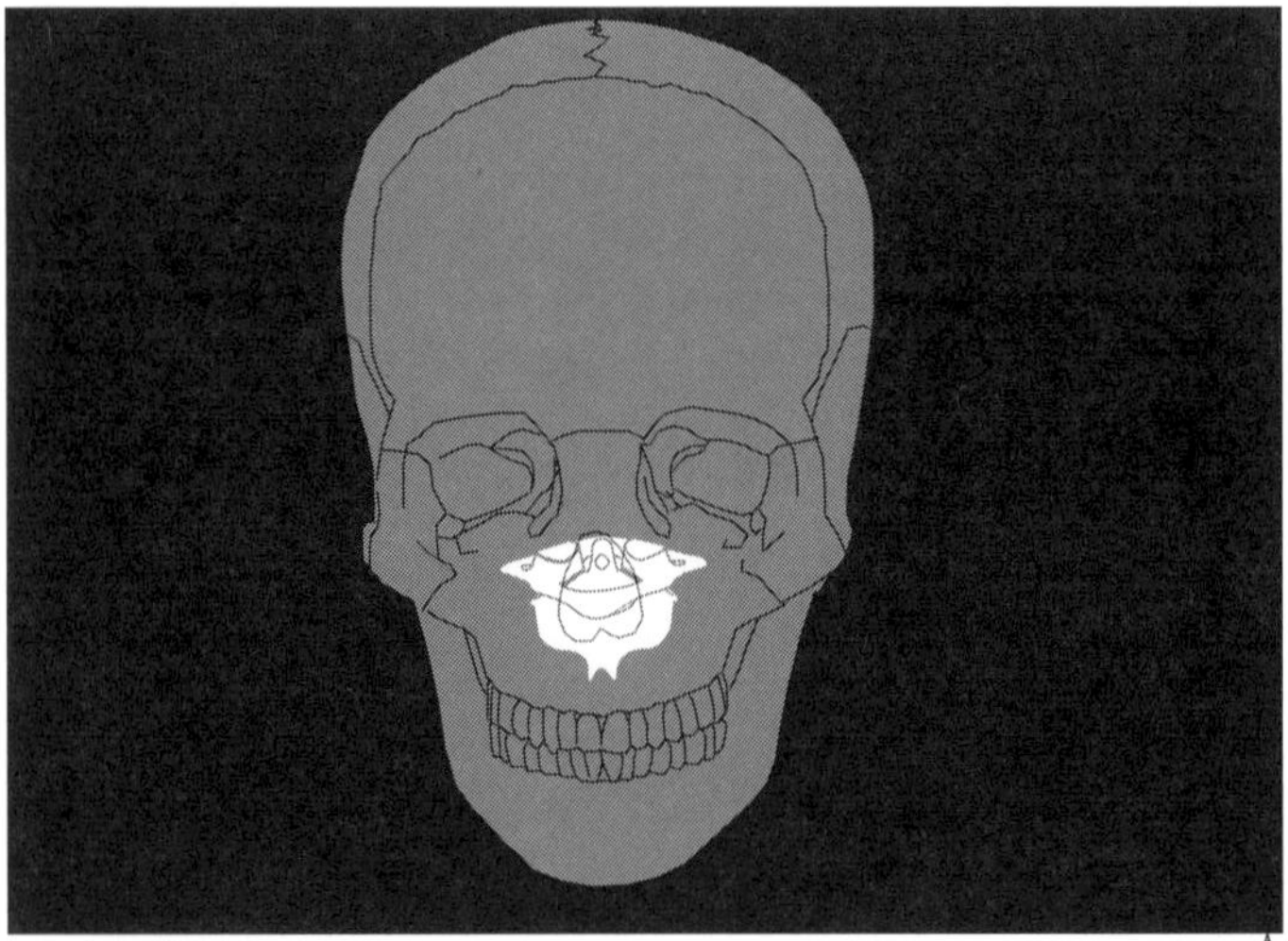

頚骨の上端は意外に高い位置にある⁉

8 見て学ぶ動き①　～首振り人形の日本人

万国共通で間違ったアイデアを持ちやすいのが首です。世界中すべての人にとって頭が首の上でバランスがとれていることはとても大切なのですが、特に日本人には重要に感じています。なぜ日本人に特に重要なのかは後半に説明するとして、まずは首についてよくある間違いと正解を紹介したいと思います。

首はどこにありますかと質問すると、たいていの人がマフラーを巻くあたり、手でぐるっと覆えるあたりを思い浮かべます。そして首の一番上はどこですかという問いに対しては、ちょうどアゴの下あたりを示します。

これがホントのタートルネック!?

そうそう、と納得された方が多かったかと思いますが、実は間違いです。医学的に言うと、首の骨は頚椎《けいつい》と呼ばれ7つの骨から構成されていますが、頚椎の一番上はちょうど両耳の間、鼻の後ろあたりにあります。つまり、口の後ろは首といえます。でも普段鏡を前にした時に見える首はアゴから下の部分ですから、まさか口の後ろに首があるなんて多くの方が思っていません。

タートルネックの洋服は実は首の一部しか覆っていませんし、ネックレスも頚椎の下の方に引っ掛けていることになります。これがホントのタートルネック!?という笑えるイラストを載せています。これを見たら首の高さが鼻あたりまであることを忘れないんじゃないかと思います。

ちなみになぜこの首の位置を知っておくことが大

事かというと、重い頭を支える（バランスをとる）ためにとても重要だからです（もちろん他にもたくさん理由はありますが）。

ピンとこない方がおられるかと思うので実験してみましょう。首の一番上の高さ、ちょうど耳の高さで頭を前後に動かしてみましょう。分かりにくい方は、耳の付近に指を当てて、そこを支点に頭が回転すると思ってみてください。すると頭はだいたい体の上に位置し続けてくれます。

一方、首が顎の下から始まると思って上を向いたり下を向いたりしてみてください。顎を上下させるような感じです。すると頭が体の前と後ろを行ったりきたりするのが感じられると思います。頭の重さは成人で体重の約10％ほど、50キロの体重の人で約5キロです。5キロのお米袋が首の上に乗っかっていると思うとかなり重いことが想像できると思います。そんな重い頭が体の前を行ったりきたりしたら肩が凝るのも納得いきませんか。

そして、なぜ日本人にとって特にこの首のアイデアが大切かというと、頷く習慣があるからです。アメリカ人の夫と結婚するまでは気づかなかったのですが、日本人はやたらに頷く国民なのです。少し余談になりますが、日本人が頷く習慣を持っていることに気づいたのは、夫がたまに日本語で「はい」と返事するときでした。普段は正面をみて「Yes」と返事する夫が、日本語で「はい」と言う時は首を上下させているんです。しかも、やたら「はい」の回数が多い（笑）。その姿が首振り人形のようで可笑しくなりました。なるほど、日本人はこんな風に首を振り回して首の骨の上端（耳のあたり）を中心に頭を前後に動かすと、あまり位置が変わらずに回転し続けるが、顎の下の方を首の始まりと思って上を向いたり下を向いたりすると、頭の位置が前後に大きく振れる。

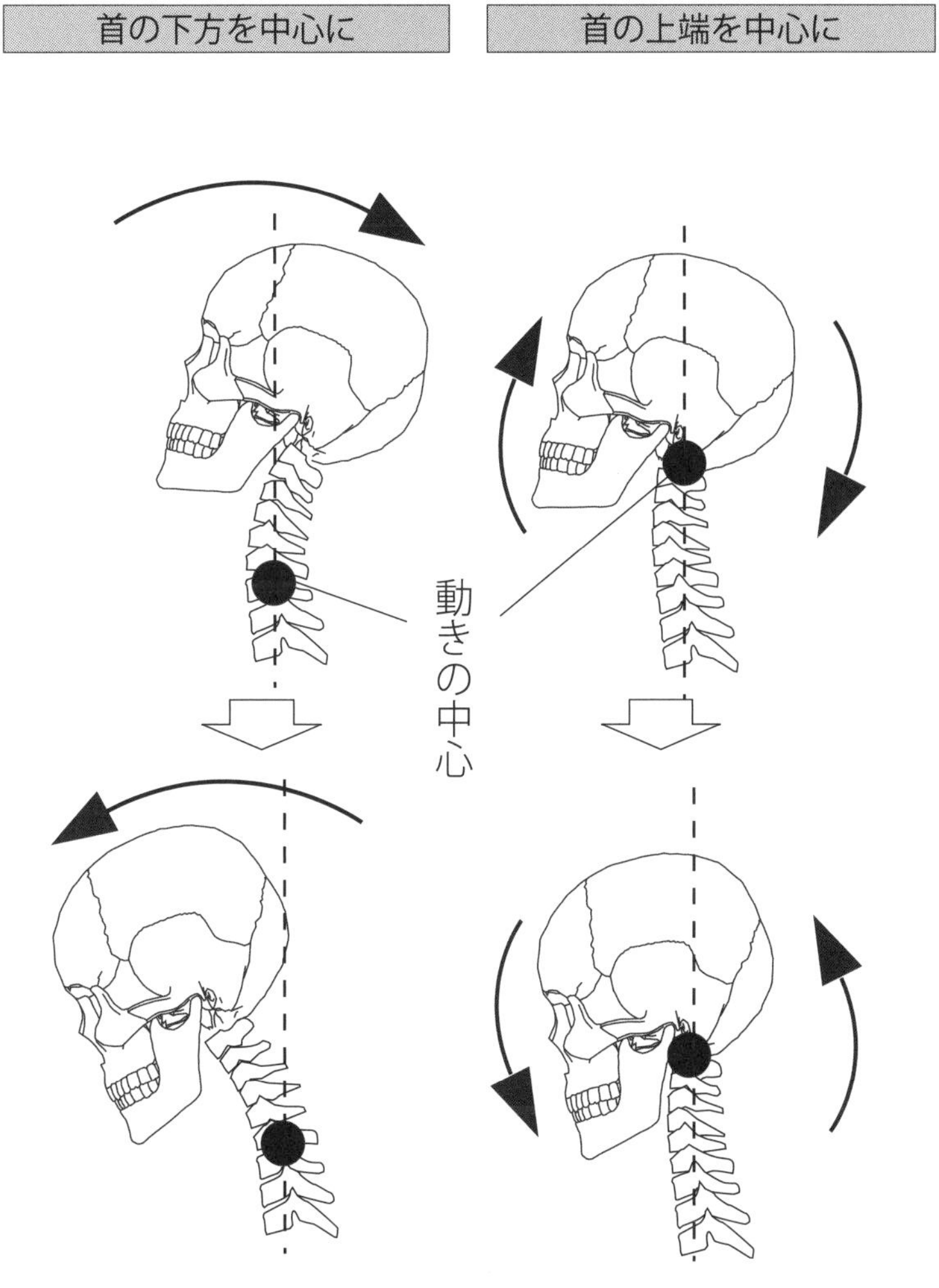

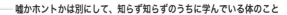

るのねと納得したわけです。そして自分を観察してみると、やっぱり頷いている！　しかもアゴの下で頷いてました（苦笑）。その後海外（アメリカやヨーロッパ）にいって人の動きを観察すると、頷かないわけではないですが圧倒的に日本人に比べると少ないことがわかりました。やたら頷く日本人だからこそ、首の構造を理解し、適切な動きを身につけることが大事だと思います。もし、首が鼻の高さまであると体が認識し、頭が背骨の上でバランスを取りながら頷くことができたら、首ふり人形のようには見えないかもしれません。そして、肩こりも減るのではないでしょうか。

　人は無意識のうちに動きを観察し学習しています。日本人の頷きは言葉を通じて教わったものではなく、観察によって知らず知らずのうちに身につけた動きの習慣だと思います。アメリカ人の夫が日本語を話す際に音だけでなく動きまで真似ていたのもそうです。そんなことを思うと、誤った首のアイデアを元に頷いている大人をみて育った子供は、やはり同じような動きになっていく可能性が高いのはないでしょうか。ちなみに、私の親もしっかりアゴの下で頷いてました（笑）。そんなわけで、今一度首のアイデアと動きを見直して、快適な頷きを伝承できる日本人になりましょう。

まとめ

・首の一番上（頭と出会う場所）は、両耳の間・鼻の後ろあたりにあります。
・首がアゴの下から始まると思うと、頷いた際に頭が前後に大きく振られ、肩こりなどの原因になります。
・私たちは動きを見て学習しています。日本人の頷きは親世代から子世代へと引き継がれ、間違った動きもまた伝わっていく可能性があります。

9 見て学ぶ動き②〜口の動き

さあ、口をできるだけ大きく開けてみましょう。

どんな風に動きましたか。上唇と下唇、あるいは上の歯と下の歯はそれぞれ上下に向かってひろがったという方がおられたのではないでしょうか？　ワニのように。

これは本当に口の動きでしょうか？

口を開けるとは、顎《がく》関節と呼ばれる関節の動きですが、私たちが口をパカっと上下に開く時、顎関節以外の場所が動いています。さて、どこでしょう？　繰り返し口を動かしてよ〜く観察してみてください。

正解は、首です。首の後ろに手を当てて口を上下にパカっと開いていただくと、手を当てた首の部分が動いているのを感じられると思います。そうなんです！　口を動かしているつもりで首を動かしているんです。これじゃあ、歌うたび、食べるたび、おしゃべりするたび首の運動をしている!?、いやいや、酷使している!?　なんてことになり兼ねません。そう思うとゾッとします。

解剖をみてみると、上の歯は頭蓋骨の一部で、下の歯を含む顎《あご》といわれる部分は頭蓋骨にぶら下がるようにくっついています。つまり、口が開く動きは構造上、下に向かってしか動きません。

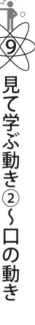

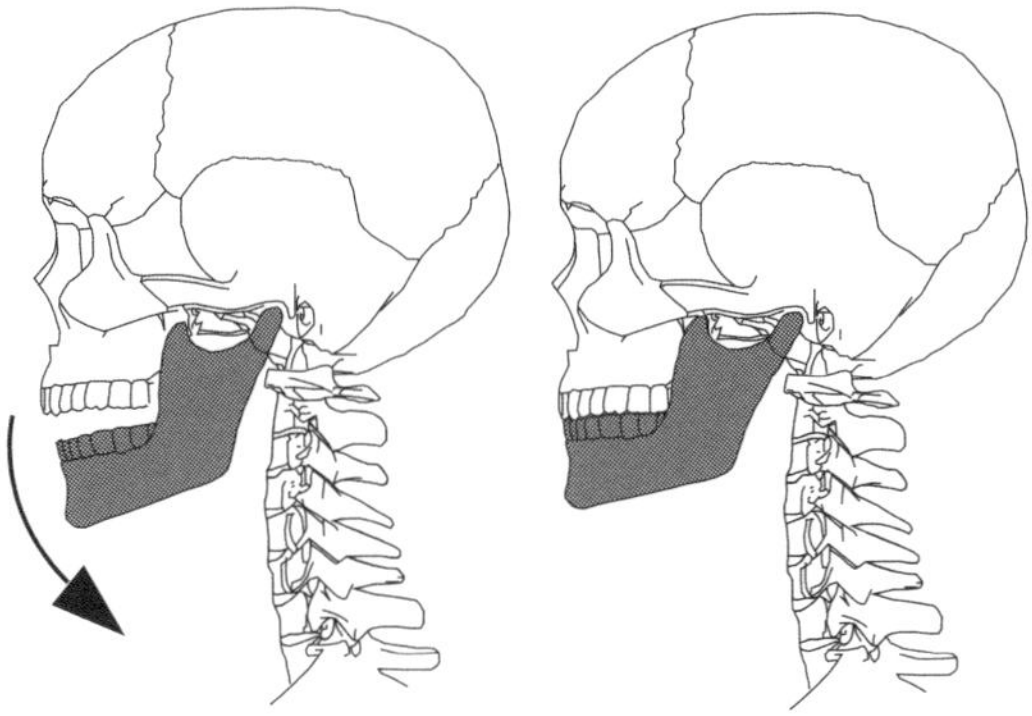

顎の骨は頭蓋骨にぶら下がるように付いており、口は下方向にしか開かない構造になっている。

口を上に向かって開くときは頭蓋骨を後ろに回転させる必要があり、そのために首（頚椎）が動きます。ちなみにワニはパカっと上下に口を開くことができますが、それは顎の関節が二つあるからです。

ただ、これらの構造を知っている人は多くありません。私も動きの専門家としてこのアイデアを知るまで、口がどうやって開くかなんて考えたことはありませんでしたし、口を上下に開けることに疑問を感じたこともありませんでした。読者の中には疑問を感じるどころか、口は上下に開くものだろうと思い込んでいた方もおられると思います。

ではこの思い込み、どこからやってくるんでしょう。あくまでも推測ですが、こんなところから学んでいるのかもしれません。例えば、幼

稚園や保育園での歯磨きの指導。歯の模型やお人形を使って指導されたかと思いますが、その時の歯の模型やお人形の口の動きはたいてい上下に開くようになっていませんでしたか。子供は大人みたいに知識から入らないので視覚情報を受け取る能力に長けています。見せられた情報を元に口を上下に開いた際、先生から「○○君、大きく口を開けられているね～」なんて褒められようものなら、これが正しい動きと学習してしまうのではないでしょうか。歯磨きの仕方は学んだけど間違った体の使い方を学んだとなると、すごく残念です。また、腹話術のパペットなどもたいてい口が上下するようにできています。そんなのを見て知らず知らずに口の動きについてのアイデアを得ているのかもしれません。

そんなわけで、歯磨きの指導をする歯科衛生士さんや幼稚園・保育園の先生方、ぜひ本来の口の動きをする歯の模型やお人形、イラストを作成して欲しいなと思います。そして、歯磨きを教える前のワンポイント学習として口の構造や動き方を教えていただけたらなおのこと良いのではないでしょうか。

口は下にしか開かないんだよ、じゃあ、上下に開くときはどこが動いているでしょう？とクイズを出せば、子供達は興味津々で正しい動きと間違った動きを比べながら探求してくれるはずです。そして、正解をみつけたら、「今日家に帰ったら、口はどんな風に動くか、口を上下に開く時はどこが動いているか、家族にクイズを出してみよう！」と投げかければ、子供達は帰宅前からワクワクし先生になったような誇らしげな気分で家族にクイズを出してくれるはずです。そしてプロセスを通して知識を深め、かつ子供の中に記憶として定着させてくれます。もちろん、大人も同じです。ぜひ、家族や友人にクイズを出したり、周りの人の口の動きを観察してみてください。

話を戻しますが、口は下にしか開かないことを考えると、大阪道頓堀の食いだおれ人形をモデルにしたら良いんじゃない？と思った方がおられるかもしれません（私だけ、もしくは関西の方だけかもしれませんが…）。口が上に開かないという点については良いのですが、食いだおれ人形の口には別の落とし穴があります。どんな落とし穴かというと、口を開ける時、唇もしくは唇のすぐ横あたりが動くという印象を与えることです。実際に動きが起こる場所は顎《がく》関節で、その

顎の関節がどこにあるかというと、耳の少し手前、唇からずっと後方かつ上方にあります。その部分を触れ、顎関節を動かすと思う場合と、唇のすぐ横あたりで動くと思う場合とでは、口の開閉のしやすさが変わるかと思います。
ぜひ、今日から顎は耳の近く、口は下に開くと思って食事や歯磨きをしてみたり、歌う時の動きを観察してみてください。

まとめ

・口は下にしか開きません。口を上下に開こうとする時は、首が動いています。
・口の開閉は唇で起こるというのは思い込み。実際は耳の近くにある顎関節で開閉しています。

コラム

○食事介助

カフェでお茶を飲んでいると、隣の席でお母さんが小さな子供（1歳くらいでしょうか？）に食べ物を食べさせていました。お母さんが食べ物を差し出すたび、子供は口を上下に大きくあけており、その姿が餌をもらおうとするツバメの赤ちゃんのように見えました。こんな小さな子供でもこんな風に口を開けるんだ〜と興味を抱いた私は、しばらくお母さんと子供を観察していました。

観察を通して気づいたことは、この子供の動きの原因がお母さんにあることでした。正確に言えば、お母さんが食べ物を運ぶ軌道に原因がありました。上から斜め下に向かって運ばれるスプーンは、子供の口元に来ても本来あるべき位置より少し高めでした。そのため子供は食べ物を口にいれようと口を上下に開き、頭を後ろに回転させていました。それが、私には餌をもらうツバメの子供のように見えたわけです。

お母さんと子供の体のサイズは全然違います。例えば子供がお母さんと同じ高さの椅子に座っていたりベビーカーに座っていると、子供はお母さんよりずっと下に位置しています。しかしお母さんが自身の身体感覚で無意識に食べ物を運ぶと、子供にとっては食べ物が上の方から自分に近づいてくる、そんな軌道になっているかもしれません。

想像してみてください。もし普段の食事が斜め上から自分に近づいてきたら、変な感じがしませんか。そして頭を後ろに傾けたくなる感じがしませんか。

子供だけでなく大人への食事介助をする機会がある方は、自分がどんな軌道で食べ物を運んでいるか、そして、相手の方がそれに対してどんな反応を示しているか観察してみてください。介助者の運び方次第で、もっとたくさん、美味しそうに食べてくれるかもしれません。

10 言葉にだまされる体のこと　～背筋をまっすぐ!!

子供の頃、「背中をまっすぐに!!」なんて言われた経験がある方は多いかと思います。私の世代はなかったのですが、アレクサンダー・テクニークのレッスンに来られた（心や体の使い方を

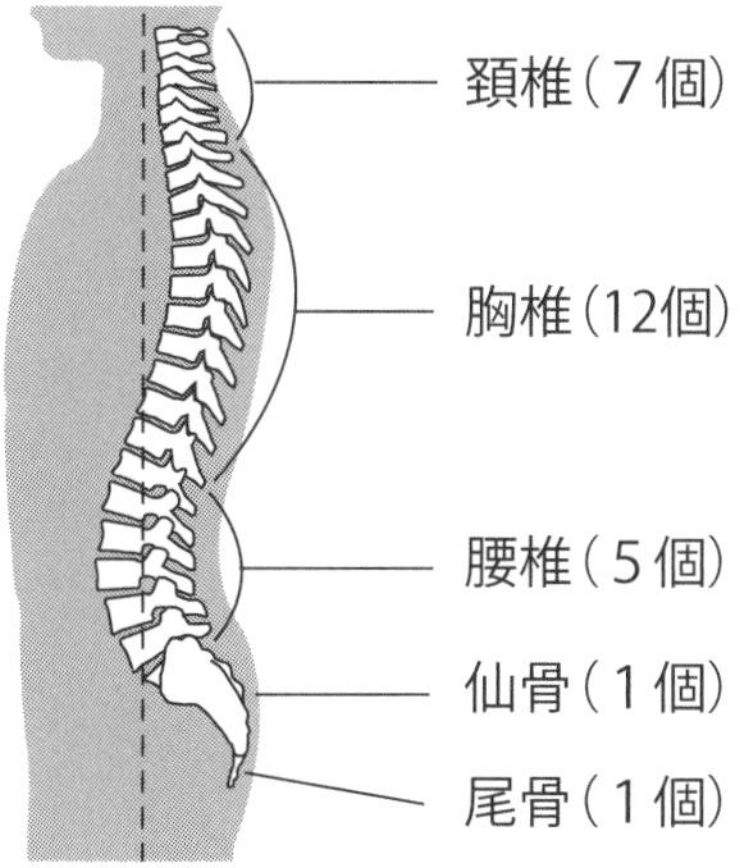

学ぶために来られた）年配の方からのお話では背中に定規を入れられたという時代もあったようです。そんなこともあって、姿勢を正そうと思うと、「背筋をまっすぐに」という言葉が自然と浮かんでくる方は決して少なくないと思います。ちなみに英語圏も同じで、sit up straight、stand up straight、straighten one's back といったようにストレート（straight）＝まっすぐ、直立にという表現が用いられます。

ここで一つ質問です。背中は本当にまっすぐですか？

答えから言うと、背骨はまっすぐではありません。背骨は医学用語で脊椎といい、小さな骨が連なって構成されています。上から順に、頚椎（7個）・胸椎（12個）・腰椎（5個）・仙骨（大人では1つ）・尾骨（大人では1つ）と名前が付けられています。この背骨全体を前または後ろからみると基本はまっすぐですが（変形がなければ）、横から見ると前後にカーブしています。決してまっすぐではありません。胸椎といわれる肋骨の後ろ、ちょうど猫背になるような場所は本来後ろにカーブしています。首と腰のあたりは前に凸のカーブです。にもかかわらず、はじめてレッスンに来られた方の中には、壁に背中全体をくっつけようと頑張っている方がいます。そんな方には背骨の図をみせて、本来まっすぐでないことをお示しします。

とはいえ、いわゆる猫背、背中が丸まりすぎている方はいます。それは本来後ろにカーブしている胸椎のカーブが大きくなりすぎていたり、頚椎や頭部が胸椎に対して前にいきすぎていたり、あるいは前にカーブしているはずの腰椎が平坦に近づいている状態といえます。ですから、本来のカーブに近づくことは大事ですが、背骨を本当にまっすぐにすることではありません。そして、第1章に述べたように、正しいカーブを作ろうとして体を固めて動けなくなるのも適切ではありません。胴体は医学用語で体の幹と書いて体幹《たいかん》と言います。木の幹のように体の軸として安定していることが大切ですが、同時に小さな骨の連なりであり可動性を有する場所でもあります。したがっていつも一定の形を保っておく、まっすぐしておくのは不自然です。

では、「まっすぐ」という言葉が完全に間違いかというとあながちそうとは言えません。私たちは整った姿勢の人を見て「まっすぐ」と感じるのは事実ですし、逆に体が丸まっている人をみて本来の姿勢、整った体とは思いません。

ポイントは、この「まっすぐ」がどこにあるかです。既に述べたように、背骨ではありません。図に示すように、頭から足にかけて体の中心らへんを一つの軸が通っています。具体的には横から見た立位姿勢で、耳―肩（肩峰）―大転子―膝関節（膝蓋骨後面）―くるぶしの少し前が一列に並んでいるとき、私たちはその人の体がまっすぐになっている、整っていると感じます。体の中心にある背骨・胴体を整えることは大切ですが、体が整うとは決して背骨・胴体だけではありません。ですから、「背中をまっすぐに」は、ぼちぼち撤廃でもいいのかなと思います。

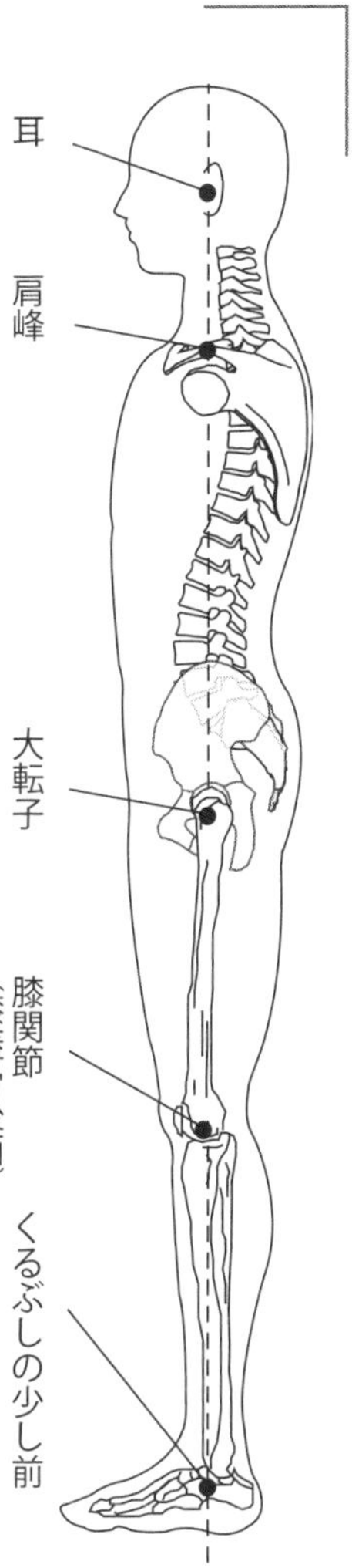

耳―肩（肩峰）―大転子―膝関節（膝蓋骨後面）―くるぶしの少し前…が一列に並んでいるとき、体がまっすぐになっていると感じる。

まとめ

・背骨を横から見るとまっすぐではありません。前後にカーブしています。
・頭、背骨、骨盤、足の関係性が整った時にまっすぐや体が整っているという印象を受けます。

おまけ

体の教育のお話

私たちは体を見て、触れて、動いて、体に関する様々なアイデアを得ていることに気づいていただけたかと思います。もちろん、それらは時に間違っているのですが、その間違いに気づいた瞬間こそが学びの瞬間であり、ただ正解を知るより驚きや興奮が大きいのではないでしょうか。そして、得たアイデアを実際に体を通して実験することで、ホントだ！という他人任せでない理解がうまれます。

そんなことを思うと、好奇心の塊、想像力豊かな子供達に対して体や動きのことを教える際に、図や言葉で正解だけを伝えるなんてもったいないと思いませんか。たとえば、正解を伝える前に、自分がどんなアイデアを持っているか尋ねてみたり、自分の骨のでっぱりに触ってその先にある残りの骨の部分の大きさや形を想像して描いてみたり、でっぱった骨の先がどっちに向かって伸びているのかお友達の骨を触って探求してみたりして、自分が持っていた考えや想像と探求の結果や事実を比べていくとワクワクしながら学んでくれるように思います。

もちろん、大人も同じです。学びで大事なのは好奇心です。驚きや興奮がもっと学びたい！を生みます。そして、頭だけでなく体を通した理解が使える知恵になります。教育とは単に正解を伝えることではありませんし、間違いは批判の材料ではなく好奇心を導く材料なのだと思います。

第4章

いつもの自分、〝日常あるある〟に待ったをかける

～あなたのその動きは日本人ゆえ!?

1 刺激によって変化する体

前の章では、私たちの体に関する思い込みが動きを間違った方向に導くことがあることを紹介しました。誤まったアイデアを元に何十回、何百回と同じ動作を繰り返すと、上達しないどころか悪い癖がついてしまいますが、アイデア一つ正すだけで動きが変わることは十分あり得ます。では、体に関して正しい知識を持ち、その知識に従って体のトレーニングをしていれば日常生活をいつも快適に過ごすことができるかというと、そう簡単にはいきません。さっきまで快適だった体は一瞬のうちに不快に転換しうることもあります。置かれた環境によって新しく身につけたはずの体の使い方は以前の使い方に戻ってしまうこともあります。なぜなら私たちの動きは常に様々な刺激を受け変化しているからです。これに関して、私自身の体験を一つご紹介したいと思います。

私は２０１１年から日本と海外を行き来する生活をしていますが、その中でとても興味深い経験をしました。それは、アメリカと日本で私の体や動きが変わるということです。海外の滞在先は、アメリカ南西部にあるニューメキシコ州で、短い時で年1ヶ月程度、長い時で４ヶ月ほど滞在していました。ニューメキシコ州は広大な国土を有するアメリカの中で5番目に大きな州です。

一方、人口数は51の州の中で36番目、つまり、人口密度の低い、空間に余裕がある州といえます。

そのニューメキシコ州の中でもさらに空間に余裕のあるド田舎に滞在していた私は、日本では考えられないような大きな空間を独り占めするという贅沢な経験をすることは日常茶飯事でした。雄大な自然、距離感が失われるほど遠くまで見渡せる空間と向かい合っていると、自分をちっぽけな存在として感じる一方で、体が自然と広がり大きくなってくるのを感じます。また、空間と時間は比例関係にあるかのごとく、そこに流れる時間は引き伸ばされているようで、私の心と体にさらなるゆとりを与えてくれました。そして、異なる文化や価値観をもつその地の人たちと触れ合うなかで、私の体や心、行動が少しずつ変化していくのが感じられました。

これまでとは違う自分、開放感が感じられる心身。

新しい自分にちょっとした満足感と誇らしさを感じている私がいました。そんな自分とともに日本に帰国すると…、「あれ!?」。帰国して数日もしたら体の開放感はどこへやら消えてしまいました。体に引き続き、思考や行動パターンもズルズルと昔の自分に引き戻されてしまいました。

「わたし、変わったつもりだったのに…」

翌年も同じでした。アメリカで感じた心身の開放感は帰国するとやはり薄れていきました。海外で得られた変化は前の年よりは長く続いたものの、数週間すると少しずつ昔の自分に引き戻されていくのが分かりました。

「アメリカでみつけた自分は幻想だったんだろうか？　やっぱり私は何も変わってなかったんだろうか…」

この経験は私にとってショックだったのですが、様々なことに気づかせてくれました。その一つは、人は空間の影響をうけているということでした。土地の狭い日本で育ち、混雑に慣れっこになっていた私は、自分が空間の狭さから影響をうけていることに気づきませんでした。しかし、日本と海外を行き来することで、狭い空間、広大な空間、いずれに対しても私や私の体が反応していることを知りました。

また、私が「日本」というものに大きく影響を受けていることにも気づきました。私は、単なる「わたし」としてではなく、「日本人であるわたし」として存在し、私の動きや行動の多くが、日本の価値観や文化などによって決定づけられている、そんな風に思いました。

アメリカに行くことで「日本人であるわたし」を目の当たりにした私でしたが、一方で、日本という刺激から解放され、これまでと違う自分に出会えたのだと思います。そんな気づきとともに日本と海外を行き来し自身と他者を観察していくと、私だけに限らず人の動きや行動・在り方が文化や価値観、その地の教育、風土など様々なものに影響を受けていることが見えてきました。それは日本人だけでなく、アメリカ人にとっても同じで、良くも悪くもその人に作用していて簡単にどちらの国が良いと言えるものではないと思いました。また、私たち日本人にとっての常識や良いと思い込んでいたことが意外なところで私たちを窮屈にしていることにも気づくようになりました。

日本に住んでいる以上、私たちは日本という刺激を避けて通ることは不可能です。しかし、やってくる刺激に対して自分がどう反応するか選ぶことは可能です。そして、自分の在り方や動き、行動を自身で選択することができたら、日々の暮らしはもっと快適に、そして豊かになるのではないでしょうか。

この後、日本人ならではの刺激とよくある反応を紹介していきたいと思います。そして、刺激に対する反応の仕方にどんな工夫ができるのかご紹介していきます。日本人の皆さんには「そうそう!!」「あるある!!」と頷けるようなものが含まれているかなと思います（もちろん、人によりますが）。

まとめ

・私たちの動きは常に様々な刺激を受け変化しています。
・私たち日本人の動き（在り方や行動などを含める）は、日本の文化や価値観、風土などの影響を受けています。
・やってくる刺激を避けることはできませんが、それに対して自分がどう反応するか選ぶことは可能。その反応の仕方によって暮らしをより快適に、豊かにすることができます。

2 時間厳守の日本人①～〝急ぐ〟をやめて速く動く！

日本の時間厳守は世界でも有名です。電車は事故や天候の影響がない限りほぼ正確に動いていますし、宅配の配達時間は数時間単位で指定でき、指定通りに配達してくれます。友人との待ち合わせの際、時間通りに着いたとしても後に来た方は「お待たせ」と声をかけ、遅れる場合は、約束の時間前に遅れるとの一報を入れ、そこには「ごめん」「すみません」などの謝罪の言葉が加えられているのが常識的なマナーとなっています。友人との待ち合わせならちょっとした謝罪で済みますが、仕事に遅れたとなると青ざめて居心地の悪い1日を過ごすことになります。

それぐらい日本では時間通り行動することは常識・当然のことであり、言い換えれば良いこと・善として捉えられています。みんなが時間に正確に行動することで予定通りに事が進み、暮らしに円滑さや快適さをもたらしてくれるのは事実ですが、本当に良いことだけでしょうか。

実際日本に暮らしていると、時間というプレッシャーを感じながら、またそのプレッシャーに苦しみながら生活をしている人は決して少なくないように思います。多くの日本人が、時間という刺激（プレッシャー）によって、さっきまで快適だった心と体が一瞬にしてなくなってしまったという経験をお持ちだと思います。

もちろん私自身もあります。私は子供の頃からせっかちで、私にとって時間は何よりも強い刺激です。そして、時間という刺激にかなり苦しめられました。正確に言うと、時間という刺激に対する私の反応の仕方が私自身を苦しめていました。遅れることは悪、時間通りに行動することは当然という考えを持っていた私は、時間という刺激がやってくると、時間通りに行動することだけに集中し、自分の体や心がどうなっているのか気に掛けることはほとんどなく、あるいは、体が緊張したり心がギスギスしていることに気づいても見て見ぬ振りをして、少しでも速く行動することを最優先していました。時間どおり行動できた際には安堵感はあっても、心や体が疲弊していたことは言うまでもありません。

そんな私が時間という刺激と少しずつうまく付き合えるようになってきたきっかけは、「刺激と反応」というアイデアを知り、自分にとって苦手な刺激とは何かを理解し、その刺激に対する自分の反応に注意を向けるようになったこと、もう一つは、他人の動きを日常の中で観察するようになったことでした。時間という刺激に苦しみ、自分に嫌気がさしていたことも一つの因子ではありましたが、長年染み付いた習慣だったので、嫌気がさして変わろうと思うだけでは不十分だったように思います。

時間という刺激に対して自分がどんな反応をしているかに注意を向けることが助けになることはなんとなく察しがつくかもしれませんが、なぜ、他人の動きを観察するのが助けになるんだろうと疑問に思われた方がおられるかもしれません。でもとても助けになります。なぜなら、他人の動きは客観的にみることができ、自分自身の動きや行動より正確に理解できることがあるからです。特に苦手な刺激に翻弄されている時の私たちは、冷静に自分を観察し自身の状態を把握することが難しくなります。でも他者であればそれが可能です。また所詮他人事という前提があるので、自分だったら笑えないことも笑い飛ばすことができますし、自分事だと思いつかない発想や発見にいきつくこともあります。

このあと紹介する方は私が実際に遭遇した人で、時間という刺激に人がどんな風に反応し、その反応がどれだけその人の助けになっていないか、どれだけその人を苦しめているか、ハッキリと私に教えてくれました。もちろん、その人に見えたことは決して他人事ではなく「私にもあるある！」と頷けるだけに、それを客観的にみれたことは良かったように思います。他人の振り見て我が振り直せというやつですね。

ではご紹介します。

バスに乗車していたある日のこと。窓際の席に座りぼんやり外を眺めていると、バスの横を通り過ぎようとする一人の女性の姿に目が止まりました。年齢は60代ぐらい、身長は150センチ前後の小太りの女性でしたが、両手に持った荷物と自身の頭をあらゆる方向に振り回していて一瞬何事かと思いました。ちょうどバスが信号待ちで停止したのでしばらくの間、興味津々で彼女を観察していました。彼女はどうやらかなり切迫した状況に置かれており、急いでいることが見て取れました。おそらく彼女の中では走っているのでしょうが、側からみると手足や頭を無駄にバタバタさせているだけでとにかく遅いんです。歩いた方が速そうなんだけど…と思っていると、案の定、後ろからきた人たちにあっさり抜かれてしまいました。でも彼女はそんなことにも気づかず腕や頭を振り回しながら走り（？）続けていました。きっと彼女はこの後動けなくなるぐらい疲労困憊したに違いありません。しかも歩くより遅かった彼女の走りでは、努力実らず目的地に時間通り到達できないんだろうと思うと、ちょっと申し訳ない気持ちになりました。

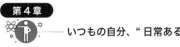

この女性の時間に対する反応は極端かもしれませんが、私たちの多くが多かれ少なかれ似たような経験をしているのではないでしょうか。少なくとも私には「あるある！」と頷けるもので、他人事ではありません。

私たちは「速く動く」を「急ぐ・慌てる」に変換しています。そして、「急ぐ・慌てる」になっているときの私たちは、自分の助けにならないことをたくさんしています。助けにならないだけならいいのですが、心と体は必要以上に緊張して自身を苦しめたり、速く自由に動くことを邪魔しています。しかも、目的を達成すること（ここでは目的地に早く着くこと・間に合うこと）だけに意識が向いていると、その過程で自分が何をしているか、どんな風に動いているか、時間という刺激に自身がどのように反応をしているか、気づくことができなくなっています。

では「急ぐ・慌てる」ではなく「速く動く」ためにどうすればよいか。それは、遅れない・時間に間に合うという目的ではなく、その目的に至るプロセスに注意を向けることです。もう少し補足すると、そのプロセスの中で自身に起こっていることに気づき、自分を邪魔している心身の使い方をやめ、助けになる心身の使い方に変換していくことが必要です。そして、これを分かりやすいツールとして紹介すると、「ツッコミ」と「天使のささやき」が挙げられます。

「ツッコミ」は助けになっていないことに対してツッコミをいれます。先ほど紹介した女性の場合であれば、たとえば「頭や荷物を振り回してどないすんねん！」「歩いた方が早いやろ‼」

とツッコミを入れます。そうすることで、自分がやっている助けにならないことや自分を苦しめていることに待ったをかけることができます。

次に「天使のささやき」です。

「天使のささやき」は「速く動く」ために助けとなるツール（お道具）をささやいてあげることです。例えば、「いつもより少し早いテンポで足を動かしてみよう。足音を聞きながら歩いてみよう」とか「自分の呼吸に気づきながら移動してみよう」といったささやきがあると、目的地に早く着くという目的を持ちつつも、そこに至る自身のプロセスに注意を向け、自分をケアしながら動けるのではないでしょうか。そして「ツッコミ」と「天使のささやき」のポイントは他人に言うように自分に言うことです。つまり自分事を他人事にしてしまうということです。そうすることで笑える余裕が出たり、自分を冷静判断することができると思います。

ということで、この後、実際に「ツッコミ」と「天使のささやき」を練習してみましょう。まずは自分に対してではなく、他人の動きを観察している場面を想定して練習します。そうすることで、より冷静に、そして面白くなりますので。

一例目はパソコンに向かっている事務員さん。1時間以内に書類を完成しお得意先に送らないといけない、そんな状況です。普段は優雅で笑顔の素敵なお姉さんが、顔を前に乗り出し、眉間にしわを寄せ画面を睨みつけています。そして、肩は持ち上がり、足は緊張して今にもお尻が椅子から浮き上がりそうです。マウスを握る右手は固くなりながら小刻みに動いています。キーボードを乱暴に叩きつける音が鳴っています。

あるある!!と頷く方、身に覚えがある方、おられると思いますが、いまは他人事です。さあ、ツッコンでみましょう。

「眉間にしわを寄せたからって仕事は速く終わらないよ」「指を動かすだけなのに、顔や肩甲骨が頑張ってどうするねん!」「空気椅子トレーニングかい?」「キーボードやマウスが痛がってるで!!」とツッコミを入れられませんか（笑)。他人だと面白いですよね。

では、ツッコミを入れたあとは、天使のささやきです。彼女に助け舟を出してあげましょう。漠然としたアイデアではなく、彼女がこのプロセスの中で使える具体的な手段をささやいてあげてください。

どんなささやきが浮かびましたか?

例えば「キーボートを叩く音に耳を傾けてみよう。音が軽やかになるようにキーボードに触れてみたらどうだろう」、「触れているマウスの硬さや形を感じながら動かしてみよう」、「座面や背もたれからサポートをもらうと思ったらどうだろう」とか「パソコンと自分との距離はどうなってる？　パソコンからズームアウト（距離をとって）して自分に戻ってこよう。」とか「楽に呼吸しながら仕事をしてみたらどうだろう」「目は柔らかく。周辺視野を消さないようにしながら画面を見てみよう」など、様々なささやきができます。

ツッコミと天使のささやき、ご理解いただけたと思います。さあ、みなさん、次は自分に対してです。日常生活の中で「急ぐ、慌てる」自分に気づいたら、ただ速く動くために、自分に対してツッコミと天使のささやきを使ってみてください。時間というプレッシャーに対していつもと違う風に反応できるのではないでしょうか。そして、慣れてくれば「急ぐんじゃなくて、ただ速く動くだけだよ」というコンセプトを思い出すだけで、心も体も自分が望むように変化してくれるかもしれません。

まとめ

・時間厳守は生活に快適さをもたらす一方、人は時間という刺激（プレッシャー）に苦しんでいます。

・時間という刺激とうまく付き合うために、「刺激と反応」というアイデアを理解し、自分に注意を向けることが大切。また他人の動きを観察することは、我が身を振り返るのに有効です。
・速く動くことと、急ぐことは異なります。
・急いでいる自分に気づいたら、ツッコミと天使のささやきを使って、速く動く自分になりましょう。

コラム

○伸び縮みする時間

武道やダンスなどでは日常生活より速い速度の動きが要求されます。音楽家も、指を中心とした局所的な動きとはいえ、速いテンポの曲では日常生活にはない速度で指を動かす必要があります。

分野は何であれ、上級者の方の素早い動き・身のこなしをみて感動した経験は皆さんおありだと思います。一方で、実際は動きが速いにも関わらず、その動きがとてもゆったりと感じられ、いとも簡単そうにやっているように見えた経験もあるのではないでしょうか。

ここから言えることは、時間には物理的な時間と感覚的な時間があるということです。感覚的時間はビデオをスロー再生するように時間を引き延ばすこともできれば（感覚的時間の延長）、倍速再生のように時間が短縮して感じられることもあります（感覚的時間の短縮）。私は合氣道を学んでいますが、初心者の頃は、少し上の方と組んだだけでも相手の動きがものすごく速く感じられたのを記憶しています。今思うとさほど速くなかったのだと思いますが、当時は倍速再生しているかのようにその動きが速く感じられ、私の時間感覚は縮んでいたといえます。合氣道は投げと受け、ペアで行うので、この時間感覚の伸び縮みが容易に見えることがあります。例えば、一人（受けの人）は必死に速く動こうとしている（急いで相手にかかっていっている）にも関わらず、そのお相手（投げの人）は悠々と動いていて、二人の感覚的時間の違いが一目瞭然だったりします。

では、この感覚的時間の伸び縮みによって動いている本人にどんな変化が起こるのでしょうか。これは私の経験から言えることですが、世界や自分の見え方が変わるように思います。時間感覚が引き延ばされている時は、自分自身（自分の動き）と世界がよくみえます（感じ取れています）が、時間感覚が縮んでいる時は、自分と世界があまりみえていません（感じ取れていません）。合氣道を学び始めた頃は、ガムシャラに動くのが精一杯で、何が起こったか分からないうちに一つの技が終わっていた、そんな感覚でした。今はというと…、まだまだ見えていませんが、初心者の頃よりは時間感覚が延び、世界（相手を含む）や自分が見えやすくなっているように思います。

次に、なぜ時間感覚が伸びたり縮んでしまうのか、何によって時間感覚は変化するのか。私なりの考えをいうと、一つは心の在り方、そして、もう一つは体の在り方が影響しています。心身一如ですから、当然、心の在り方と体の在り方は関係していますが、便宜上、あえて分けて考えたいと思います。そして、なるべくシンプルに表現すると、心も体も静まれば静まるほど、時間感覚は伸びるといえるように思います。

まず心に関してですが、心の静まりは「気が下がる」や「落ち着き」という言葉に置き換えても構いませんが、心が静まっている時、私たちの時間感覚は引き延ばされ、その場の状況や自分自身の情報が入ってきやすくなります。逆に心が静まっていない時、言い換えると、気が上がっている時、落ち着きを欠いている時は時間感覚が縮み、自分と世界がみえなくなってしまいます。大勢を前にしたスピーチやパフォーマンスでパニックになった人が、終わってその時を振り返っても、何が起こったか全く覚えていない、というのは典型的な例かと思います。

体も同じです。体が静まっているとき、別の表現でいうと、脱力ではないリラックスした状態にあるとき、時間感覚が引き延ばされ、自分と世界がよく感じられるように思います。リラックスしている体は自分の動きにブレーキをかけていないので実際に素早く動くことができますし、その分、自分自身にも余裕が生まれ、時間感覚は引き延ばされます。しかし、速く動く必要があると思うと、大抵の場合、より体を緊張させてしまいます。すると、速く動けないどころか、時間感覚が縮んで、より慌ててしまうという悪循環に至ります。

時間の流れの感じ方や、世界や自分の見え方・感じ方は、自身の心と体の状態を映し出す鏡ともいえます。もし時間の流れを速く感じたり、自分と世界が見えていないことに気づいたら、今一度自分に立ち戻り、心と体を静めてみてください。

3 時間厳守の日本人②～待つことをやめる

前項では時間という刺激とうまく付き合うために、「急ぐ・慌てる」ではなく「ただ速く動く」ことを提案し、そのための手段として、「ツッコミ」と「天使のささやき」を使うことを紹介しました。では、時間という刺激が存在する時、私たちがいつも速く（急いで）動いている状況かというとそうではありません。動いていないけど急いでいる、急いでいるけど動けないという状況に置かれることがあります。これだけだとピンとこない方がいると思いますが、このあと実際に私が遭遇した方をご紹介すれば皆さんご理解いただけると思います。

私が遭遇した方はこんな方でした。

自宅マンションのエレベーターに乗っていると、途中の階でエレベーターが停止しました。ドアが開くやいなや一人の女性が慌ただしく乗り込んできて、ドアを閉じるボタンをものすごい勢いで連打しだしました。ドアが閉まりエレベーターが動き出すと、彼女はエレベーターが何階にいるか示す電光表示を睨みつけていました。そして、終始、彼女の肩はあがり、肘は必要以上に曲がり、拳はぎゅっと握られ、体全体に緊張を抱えていました。

一緒に乗り合わせている私は息が詰まる思いで、いやいや、実際に呼吸が浅くなっているのに気づいて少し大きめの呼吸とともにリラックスしましたが、彼女はずっと息を詰めたままで、自分がどれだけエネルギーを浪費しているか気づく気配はありませんでした。1階に到着し、ドアが開いた瞬間、猛ダッシュで出て行ったことは言うまでもありません。

どうでしょう、ピンときましたか。この女性はドアが開いてダッシュするまでの間、動けないけど急いでいた、急いでいたけど動けない状況。そうです、「待つ」という行為です。速く動くこととジッとして待つことは、動きだけ見ると真逆な印象がありますが、どちらも時間という刺激(プレッシャー)という点で同じです。どちらもマインドは未来にいっています。

では「ツッコミ」と「天使のささやき」を練習してみましょう。エレベーターの女性に、お笑い芸人になったつもりでツッコミをいれてみましょう。できるだけたくさん突っ込んでみてください。そして、ツッコミの後は優しく「天使のささやき」を送ってあげてください。こちらも思いつくだけ挙げてみてください。

いかがでしょうか。他人事だと意外と面白おかしく、あるいは冷静に突っ込んだりささやいたりできたのではないでしょうか。そして、ツッコミを通してこの方がどれだけ助けにならないことをしているのかご理解いただけたと思います。また天使のささやきを通じて、時間とうまく付き合うための道具がたくさんあることに気づけたのではないでしょうか。

日常生活の中にはたくさんの「待つ」があります。電車が来るのを待つ、レジで会計するのを長蛇の列に並んで待つ、信号が青に変わるのを待つ、パソコンが立ち上がるのを待つ、大事なメールが送られてくるのを待つ、恋人からの電話を待つ、電子レンジが鳴るのを待つ（料理が温まるのを待つ）、子供が食べ終わるのを待つ、挙げ出したらキリがありません。このたくさんの「待つ」行為のたびに自分がどう反応するか無意識でいたら、体も心も苦しくなってしまいます。

この「待つ」に対して、「待つことをやめる」「待たずして待つ」ことができたら、私たちは待つという時間をより快適に過ごせるのではないでしょうか。ツッコミや天使のささやきは「待つことをやめる」「待たずして待つ」ための具体的な手段として利用できますが、慣れてくればツッコミや天使のささやきを使わなくても、「待つことをやめる」「待たずして待つ」というコンセプトを思い出すだけで、待つ時間はセルフケアや瞑想の時間にすることができるようになります。

未来に行こうとするマインドをこの瞬間に戻し、無駄に緊張する体を解放する時間に変えてみてください。ちなみに私自身はエレベーターはセルフケアの場として決めています。1日に何回も利用するので、エレベーターに入ったら携帯電話をチェックしない、考えごともしない、ただ体を整えて心を静める、そんな場所にしています。

自分次第で「待つ」はイライラの場にもなれば自分を整えてくれる場にもなります。どちらを選ぶかは自分次第です。ぜひ有効活用して欲しいなと思います。

まとめ

- 時間というプレッシャーに置かれる状況（行動）には2種類あります。速く動く必要がある場合と、じっとしている場合。後者は「待つ」という行為にあたります。
- 「待つことをやめる」「待たずして待つ」ことによって、待つ時間を瞑想やセルフケアの時間にすることができます。

コラム

○〝速く動く〟と〝待つ〟が混在する場所（プレッシャーが渦巻く日本のレジ）

日本のレジは微妙に張り詰めたものがあります。なぜなら2つの、あるいは複数のタイムプレッシャーが交差し合う場所だからです。レジを打つ人は「速く動く」タイプのタイムプレッシャー、そしてお客さんは「待つ」というタイプのタイムプレッシャーと戦っています。さらに、次に会計を待つ人、どの列が早そうか見定めている人など、タイムプレッシャー（時間という刺激）と戦う人たちでごった返している場です。しかも、個々がそれぞれタイムプレッシャーと戦っているだけかというとそうではありません。お客さんは〝待っているんだぞ！〟オーラを出して、レジ打ちの人にプレッシャーをかけにいきます。すると、レジ打ちの人は時間というプレッシャー（刺激）だけでなく、お客さんからのプレッシャー（刺激）に反応してさらに緊張し急ぎます。

逆バージョンもあります。お客さんからのプレッシャーにも気づかず淡々とレジ打ちをするのんびり屋・マイペースタイプなレジ打ちさんが時々います。すると、お客さんはそのレジ打ちの人が刺激となり反応し始めます。隣のレジでテキパキと仕事をしているスタッフをチラ見したり、自分よりあとにレジに並んだ人が会計を済ませているのを見てイライラします。そんなわけで、日本のレジ周辺は緊張感が漂う場です。お客さんはもちろんですが、レジ打ちの人は心が休まらないんじゃないかと思ってしまいます。

一方、アメリカ・ニューメキシコ州で私がよくいくスーパーはなんともリラックスしています。みんなあまり待っていない感じがします。レジ打ちの人も急いでいません。手はしっかり動いているけどリラックスしています。中には口もよく動いていて、お客さんと楽しそうに会話しているスタッフも見かけます。アジア人の私は目立つこともあってよくレジ打ちの人から話しかけられます。日本人だというと「いつか行きたい国なんだ」「日本の食べ物は美味しいよね。お寿司大好き」とか、「日本のフェスに出たことがある」といってスマホを取り出してその時のビデオを見せてくださった方もいました。そして、次に会計を待つお客さんも私たちの会話に入ってきて大いに盛り上がったこともあります。まるで友達同士の会話のようで楽しい時間でした。「待つことをやめる」「待たずして待つ」というよりは、「待つ」が存在しない会計場といえます。アメリカならではのおもてなしと言ってもいいかもしれません。

ドイツのレジはというと、これまた全然違います（あくまでも私の限られた経験を通してですが）。レジ打ちの人はタイムプレッシャーゼロといった感じでドンと構えていることが多々あります。なんたって、椅子に座ってレジをしているぐらいなので、日本やアメリカと構えから違います。そして、私がいったスーパーは、さほど混み合っていないこともあり、お客さんにも「待つ」という雰囲気はありませんでした。

国によってレジ事情は様々ですし、簡単に良し悪しは語れませんが、日本のレジ周囲にもう少しゆとりが生まれるといいなと思います（もちろん、私も含めてです）。みんなが、待たずして待つ、急がずに速く動くができたら、全然違う空間に変わるんだろうなと思います。

4 日本人の〝小さくする〟美徳 ～等身大でお辞儀してみる

日本人の敬意や感謝の表し方というのは実はユニークです。なぜなら、相手への敬意を示すために自分自身を変化させるからです。例えば言語。敬語には尊敬語、謙譲語、丁寧語の3種類ありますが、謙譲語は自分を低くしへりくだることで相手への敬意を示します。英語にはない表現です（おそらく）。お辞儀もそうです。頭を低く下げることで相手に感謝や敬意を伝えます。相手の目をまっすぐみて感謝の言葉を述べるアメリカ人とはかなり異なります。

そういうわけで、私たち日本人にとって誰かに対し自分を低くすることはとても自然なことです。多くの方が何の疑問も感じたことがないぐらい私たちの暮らしに根付いています。私自身、自分を低くするこのお辞儀にネガティブな印象は全くありません。海外に出てそのユニークさに気づいてからは、むしろ日本の美しい文化、習慣の一つとして捉えています。敬意や感謝といった心の表現として用いられるお辞儀という行為に美しさを感じるだけでなく、動きそのものに美しさを感じることもできます。特に鍛錬され体の隅々まで感覚の行き届いたお辞儀は本当に美しく見えます。そして、動きの美しさが敬意の深さとして、想いがより伝わってくるのを経験します。

一方で、少し残念なお辞儀もあります。どんな時かというと、頭を下げることが自分を小さく

することに変換されている時です。頭を下げることと自分を小さくすることは同じように感じられるかもしれませんが全然違います。

自分を小さくするときの私たちは体を緊張させ縦にも横にも縮こませています。縦方向の縮まりは首をすくめるような状態で、怯えや不安が表現されていることもあります。横方向に縮まりは肩身が狭いと言われるように居心地の悪さを表現しているように受け取られるかもしれません。その姿が、怖がった亀が手足、頭を甲羅の中に隠してしまっているようにも見えることもあります（私には）。すると、お辞儀という動きの美しさはもちろん、敬意や感謝の気持ちが感じられにくくなります。その人に敬意や感謝の気持ちがあるにも関わらず、体の表現によってその意が伝わらないのは残念です。そして、お辞儀をしている本人が、お辞儀をするたびに体を縮こませて窮屈な思いをしているのも残念な気がします（本人は気づいていないかもしれませんが、体は窮屈なはずです）。

そこで提案したいのが、自分を小さくするのではなく、等身大でお辞儀をすると思ってみるということです。ぜひ実験していただきたいのですが、横にも縦にも伸び伸びと広がり、頭の動きに背骨が自然とついてくるように頭を下げ・上げていくと、いつもと違った感じがしませんか。

分かりにくい方は自分を小さくすると思ってお辞儀をするのと等身大と思ってお辞儀をするのを交互に行なって比べてみてください。小さくする際、強調して行うとより違いが感じられやすくなります。そして、どなたかお相手を見つけて、相手の方がそれぞれをどのように感じるか聞いてみてください。普段、自分を小さくしてお辞儀をしている人が等身大でお辞儀をすると違和感を感じたり、偉そうにお辞儀している気がするかもしれませんが、何度も繰り返しやっているうちにその感覚は変わってくると思います。

私自身も等身大と思ってお辞儀をすると未だに少し違和感や恥ずかしい感じがしますが、以前に比べるとその感覚は減っています。そして私がこの等身大でのお辞儀で気に入っていることは、心を相手に向けやすい感覚が得られるところです。等身大でのお辞儀をやってから気づいたのですが、体に注意を払わず、自分を小さくしてお辞儀をしている時の自分は、相手に心が向けられておらず敬意の気持ちもあるようなないようなそんな感じがしました。もちろん敬意の気持ちはあるのですが、お辞儀の瞬間に自分の意志とは裏腹にそれがなくなってしまう感覚でした。体を小さくしたことで、あるいはお辞儀をしたことで、相手に敬意を払っているつもりになっていたと言ってもいいのかもしれません。

私たち日本人には謙虚さに対する美徳があります。そして、体を小さくすることを謙虚さの現れのように捉えておられる方がいるように思います。それは言い換えると、体を小さくすることへの美徳を持っているということになります。逆に、出る杭は打たれるという言葉があるように、他者から抜きん出ることに対して恐れを抱いたりネガティブな印象を持ち、等身大でいることを抑制しようとする人もいます。しかし、体を小さくすることと謙虚さは同一ではありませんし、体を等身大にしリラックスしながら謙虚さを持って生きることはできます。

ちなみに、自分を小さくしないことと自分を大きくすること（大きく見せること）は違います。ただ小さくしないだけです。心も体も等身大の自分、余分なことをしない自分、ありのままの自分ということです。そんな風に思っていただけると、等身大の自分は悪くない感じがするのではないでしょうか。

生涯にわたり何度も何度も繰り返し行うお辞儀です。相手に感謝や敬意を伝えるためにも、自分自身が心地よくいれるためにも、体に縮こまる癖がつかないようにするためにも、ぜひ等身大のお辞儀をやってみてください。

まとめ

・日本の習慣の一つはお辞儀。相手に対して頭を下げる動作が、自分を小さくするに変わっています。
・体を等身大にし、縦と横の広がりを保ったままお辞儀をすることで、美しく体に優しい動きになるとともに、感謝や敬意の気持ちが伝わりやすくなります。

コラム

○動作のはじまりと終わりを大切に

一つ質問ですが、お辞儀をするとき、どのフェーズに、より意識がいきやすいですか。多くの方は、頭を下げていく間、あるいは頭を下げている間なのではないでしょうか。私は確実にその傾向があり、頭が下がっている状態までは丁寧に行えていても、その後の頭を上げていく動きや最後の静止が雑になりがちです。

お辞儀とは頭を下げる行為という考えから、動作の主体をなすその部分を終えると気が緩んでしまうことが一つの原因といえます。また、お辞儀は最後に相手の方と面と向かうため、私の場合、照れ臭さのようなものが邪魔しているようにも思います。時間にすると1、2秒のことですが、その短い時間が丁寧に行われないだけで、自分の中にスッキリしない感覚をおぼえます。そして、最後の最後まで注意が払われている丁寧なお辞儀に出会うと、その美しさに感動します。

ここではお辞儀を例にしましたが、動きが存在するものにおいては、必ず始まり・中間・そして終わりが存在します。そして、これら3つの部分すべてに注意が払われ丁寧に行われていると、一つの動作・動きに美しさや機能性が生まれます。

音楽（コンサート）を想像していただけると分かりやすいのではないでしょうか（ちなみに、音も動きです）。一つの曲には始まり、中心の部分、終わりがあります。コンサートホールのシーンと静まり返った中に発される第一音、つまり曲の始まりが、期待と興奮を抱いている観客に強いインパクトを与えることは言うまでもありませんし、音楽家はこの始まりに集中力を高めます（音が鳴る前も含めて始まりとしても良いと思います）。そして、曲の終わりも同じく重要です。「ジャーーン」と音がある世界から無音の世界へのトランジションがピタッと綺麗に決まることで感動が生まれます。音がフェードアウトしていく曲においても、無音の世界になる最後の瞬間まで丁寧に音がつくりだされることで、そして、その後の静寂も含め終わりをつくり出すことで、観客は最後の最後まで音に惹きつけられます。演奏のほとんどが完璧だったとしても最後がガタっと崩れてしまうと、その演奏に対する印象が残念な感じになるのは容易に想像がつくのではないでしょうか。

始まりと終わりの大切さは音楽だけでなく、どの動き、動作においても言えることですが、意外と粗末にされているように思います。例えば合氣道では、相手に技をかけることばかりに集中してしまうことがありますが（もちろん、私も含めてです）、最初の構えで自分自身が整っていないと技をかける部分（動作の中間）はうまくいきません。また、一連の動作のほとんどがうまくいっているにもかかわらず、投げ終わった際の最後の静止が丁寧に行われていないと、つまり、その手前で気が切れていると、技全体として残念な感じになってしまいます。

ヨガでも同じだと思います。ポーズの部分（動作の中間の部分）は注意深く行なっているのですが、ポーズに向かうまでの間（動作の始まり）や、そのポーズを終えて元の姿勢に戻るまでの動き、最後の静止（動作の終わり）がおろそかになっていることは多々あるのではないでしょうか。最初から最後まで注意を向けやってみるとより体はより整っていくように思います。

セラピストも然りです。相手に触れて目的のことをしている間だけでなく、相手の体に触れる前の自分や相手に触れる瞬間（動作の始まり）、相手の体から手が離れていく瞬間（動作の終わり）も大切にしてみると相手の方の反応は変わるかもしれません。

もちろん日常生活でのすべての動作において同じことが言えます。動きの中間部分は動きの主目的の部分であったり、あるいは主目的の部分のように感じられますが、始まりから終わりまで丁寧に行うことで、一つの動きがより快適に、効果的に、美しくなるのではないかと思います。また、自分自身の動きをこの3つの要素（始まり・中間・終わり）として捉え観察することで、どこに修正・改良の余地があるのか分析しやすくなるかもしれません。

5 服に体を譲る日本人①～汚しちゃいけない！…のかな？

アメリカ・ニューメキシコ州の小さな村に過ごすようになって気づいたことの一つは、服に体を譲るということでした。別の表現をすれば、服のために自分の体を犠牲にしている、ということです。

田舎にいると、都会暮らしでは経験できないことをする機会がたくさんあります。暖炉の掃除や草刈り、ペンキ塗りはもちろん、時にネズミが走り回る屋根裏を覗き込む、なんてこともあります。その度に埃や灰まみれになったり、土やペンキで体や洋服が汚れてしまいます。アメリカに行き始めた頃の私は、服が汚れるのが気になって仕方がありませんでした。庭で作業するとき、ズボンが汚れるのを避けるために、お尻を浮かした状態でしゃがみ込んだり、膝を地面につかないようにして足を窮屈にしていました。一方、アメリカ人の夫は、地面に近いところで作業するときはいつも膝をついて、ズボンの膝あたりを汚していました。そんな夫をみて、またズボンを汚して！赤土は洗っても取れないんだから!!と怒ったこともありました。そんな私が服のために体を犠牲にするのをやめようと思い、結果的に泥んこ大好き人間に変わったきっかけはこの地で暮らす人たち、特に男性との関わりでした。

村に住む人たちはとてもたくましく、生きる知恵を持ち、生活に必要なものを自分でつくったり修理する能力に長けています。車が故障すればお向かいさんのゲーブに頼み、デッキを作る際はランディーに、水道の修理も電気関係の修理も村の誰かに頼めばやってくれます。家を自分でつくる人もいます。そんな彼らは泥んこになることに馴染んでいます。作業するときには大地に膝をつき、ときに寝転び、服や体が汚れることになんて全く気にかけません。体も意識も全て作業に向けられ仕事を全うします。そんな姿が私にはカッコよくみえました。

そして、私も村の人みたいに!!とやってみましたが、長年染み込んだ衣類に対する考えが邪魔し、最初はうまくいきませんでした。膝を大地につきながらも微妙にそれに抵抗しリラックスできない体がありました。〝この洋服、買ってから半年しか経っていないし・・・〟とか、〝赤土は洗ってもとれないんだよな…〟とか、いろんな考えが浮かんで来て、作業に集中できません。改めて、私の衣類に対する考えや価値観が動きを邪魔しているのを実感しました。

しかし、ある年、デッキ作りのお手伝いをしたのをきっかけに変わりました。村に住む大工のランディに、庭に大きなデッキを作ってもらうことになったのですが、人手が足りないため私もお手伝いすることになりました。

私はランディの助手として、長い板を一緒に担ぎ、金槌で釘をうちつけ、板を引っ張ったり押さえつける、そんな作業をしました。そのとき服はというと、自分が所有している服の中で一番古びた作業に適したズボンと何枚かの汚れたTシャツを選んで着用しました。デッキ作りが終われば捨てるつもりだったので汚れることは気になりませんでした。というより、服を気にしている余裕なんてありませんでした。汗だく、泥んこになりながら作業に夢中になっている私は、疲れを感じるどころか作業が楽しくて気持ちよくてたまりませんでした。そして、こんなに楽しく気持ちよくなれることをこれまで服に譲っていたのかと思うと損した気持ちがしたと同時に、これまで体を犠牲にしていたことを申し訳なく思いました。

ちなみに、ランディは、女性である私が大工作業に加わることに多少なりの驚きがあったようですが、アメリカ人からするとかなり細身な私がランディの助手をしっかり果たしたことにはもっと驚いてたようです。

この経験を機に、服との関係性を見直すことにしました。服を選別することが体を服に譲らないための助けになると思い、村で着る服と街に出かける服を分け、村で着る服をさらに泥んこ用とそれ以外に分けてみました。そして、私はその泥んこ用の服に対して「あなたを作業着に任命します！」とはっきりと言い聞かせました。自分自身に言い聞かせたといった方が正確かもしれ

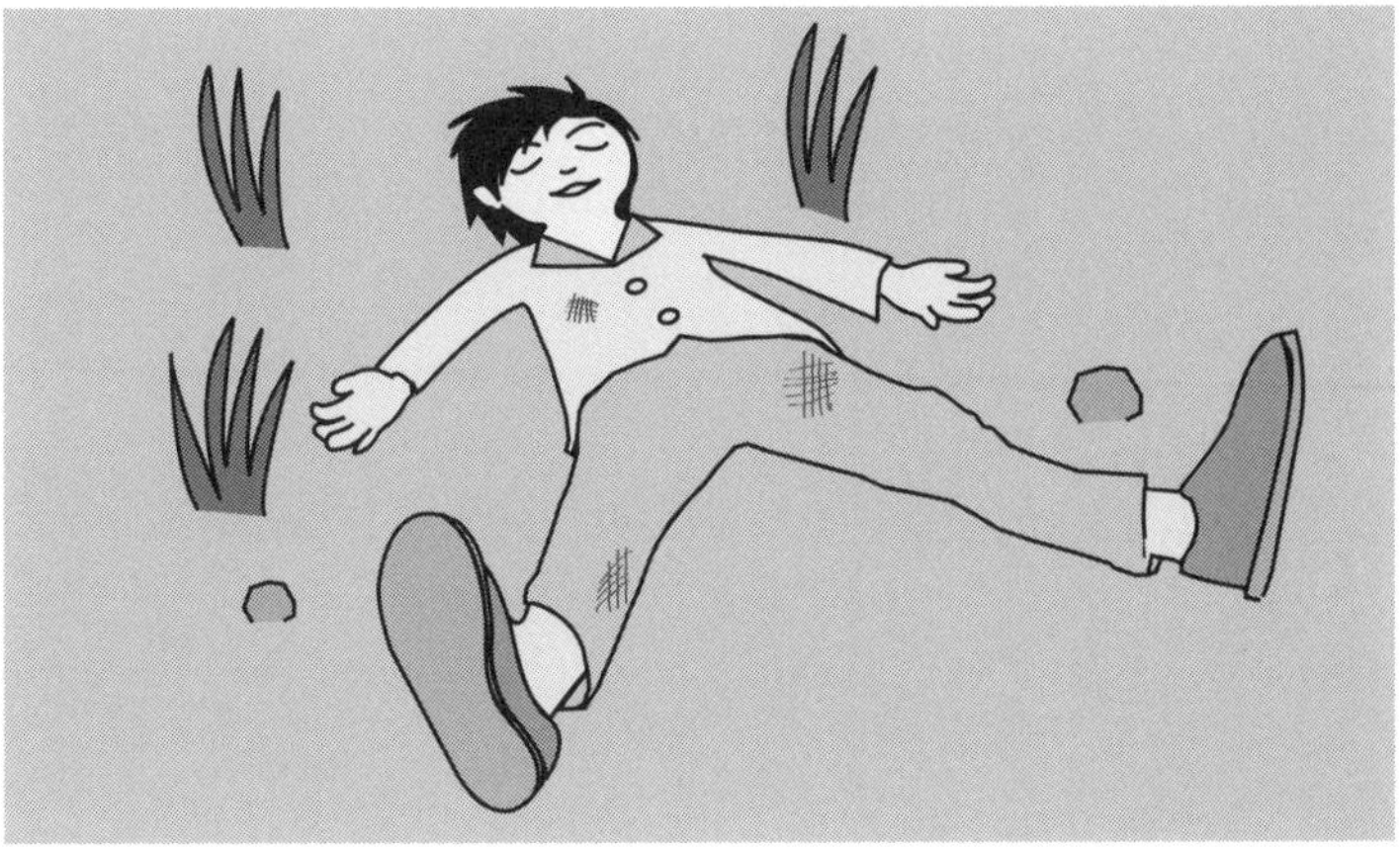

ません。それ以降、その服をまとった私は泥んこになることが平気で、なんだか無敵になった気分がします（笑）。

そして、作業をするときの体の使い方は変わり、集中力は驚くほどアップし、村人になったような誇らしげな気持ちさえうまれます。まるで、作業着をまとう私は、何かに変身するかのような気分です。

ちなみに、そのときに作業着に任命した服はデッキ作りのときに使用していたものです。捨てるつもりが愛着が湧いて今も作業着としてタンスの中にしまってあり、必要なときに着用しています。ズボンにはペンキがあちこちに付き、大小の穴がいくつか開いていて、もうそろそろ限界かなと思いつつ、もう少し一緒に泥んこを楽しみたいなと思っています。

そして、気づけば村で着る服の多くは多少汚れても気にならなくなりました。大地に大の字に寝転び

たいときには寝転び、心と体を解放します。動物たちとたわむれる時は、毛やにおいが服につい
ても気になりません（ダニ・ノミは気になりますが（笑））。おかげで、動物たちとの時間を今ま
で以上に楽しむことができるようになりましたし、もちろん私の体も喜んでいます。
日本は綺麗好きで、特に都会に住んでいる人は、泥んこになる機会が少ないので、服に体を譲
ることが馴染んでいるように思います。オシャレをして街に出かけるのもテンションがあがりま
すが、服を気にせず自由に体を使うのも楽しいものです。そして、服を汚さないことにエネルギー
を注ぐ必要がなければ、作業や遊びにもっと夢中になれるはずです。ぜひ、作業着任命、やって
みてください。

まとめ

・服が汚れるのを気にして、体を犠牲にしていることがあります。
・体を犠牲にしないために、服の選別を行い、必要に応じて汚れて良い服を着ましょう。
・服を汚さないことにエネルギーを注がなくなったら、体が快適なだけでなく、集中力が高まり、作業や遊びがもっと楽しくなります。

コラム

○Dust(埃)じゃなくてJust Earth(ただの土)!!

アメリカは家の中でも靴を脱がない習慣があります。ただ最近は、汚れを気にしてか玄関先で靴を脱ぐ習慣を取り入れている家が増えてきており、ニューメキシコ州にある我が家も土足禁止にしました。土足禁止は家が汚れにくくなるだけでなく、足が靴から解放され快適だろうと思ったのですが、意外とそうではありませんでした。これまで靴で歩いていたと思うと床が汚い気がして足がドシッと床につくことを抵抗し緊張してしまうのです。それに気づいて体を解放し地に足をつけようとするのですが、床が汚いという考えが頭から離れず、体はうまく変わってくれませんでした。裸足だと不潔な気がするので靴下を履くのですが、今度は靴下が汚れそうでそれも嫌でした。結局、しばらくのあいだ、スリッパを履いていました。

ニューメキシコ州は雨が少なく空気は乾燥し、加えて自宅周辺の大地はコンクリートで覆われていないので風が吹けば砂や土が舞い上がり、家の中はすぐに砂埃が溜まります。土足禁止で多少は綺麗になった家も、掃除機をかけるたびに山のような埃が取れ、それを目にするとやっぱり汚い…と思い、最初の頃は必死に掃除機をかけていました。

そんな私とは対照に、アメリカ人の夫は何も気にならないので掃除機をかけようとしてくれませんでした。なんとか夫に理解してもらおう、たまには掃除機をかけてもらおうと、私は掃除機をかける度に掃除機内に溜まった埃を夫にみせ、こんなにたくさんの埃！汚い‼とアピールしていました。いつもは私のアピールをさらっと流していた夫でしたが、ある日、いつもと同じように私が「みて！こんなにたくさんの埃」と訴えると、イラッとした口調で一言、「Just earth!!」、ただの土だ‼と。それを聞いた瞬間、私はポカーンとしてしまいました。そっか、ただの土かと…と思うと、なんだか汚くない気がしました。

この地はありのままの自然が残っている汚染が限りなく少ない場所。私にとっては屋外は綺麗（クリーン）という印象があったので、外にあるこの砂や土が家の中にあるだけかと思うと、なんだか平気になりました。それからというもの、家の中でも足が地に着き、カーペットに寝転がるのも平気になりました。Dust（埃）がEearth（土）に変わっただけなんですけど、不思議なものですね。

⑥ 服に体を譲る日本人②～動きが変わっちゃってるかも⁉

アメリカで泥んこ生活を満喫した私は日本に帰国すると、服に体を譲る動きに気づきやすくなりました。そのいくつかを紹介したいと思います。

アメリカ人の夫と一緒に駅の階段を降りていたときのことです。前を進む一人の女性に夫の目が止まりました。その女性は裾が幅広くなっているエレガントな黒のズボンをまとっており、床スレスレまで伸びた裾はステップするたびに綺麗に揺れていました。デートの帰り、あるいは特別なイベントの帰り、といった感じの装いでしょうか。

夫(私と同様、動きを教える専門家をしています)は、「なんであの人はあんな動き方をしているの?」と不思議そうに尋ねました。私は夫の視線の先にいる女性の動きを少し観察した後で、「ああ、あれね。彼女はズボンの裾が階段の角で汚れないか気にしているんだと思う」と答えました。彼女はステップのたびに必要以上に太ももを上げ、足がステップに着いた後もウエスト辺りから上半身を上方向に緊張させていました。夫は思いもかけなかったという表情をしながら、彼女が階段を降りるまで観察していました。人の動きを見ることに精通している夫ですが、ズボンの裾を気にして歩いたことのない彼(体のために平気で服を犠牲にする彼)には想像もつかなかったのでしょう。

ある週末の電車での出来事。両親と小さな女の子(4歳前後でしょうか)が乗り込んで来ました。週末ということもあり、すでに座席は埋まっていました。女の子は「疲れた。座りたい」と言って椅子に座れないことに少しふてくされていました。お母さんは〝仕方ないな〟といった感じで「そこに座っとき」と声をかけると、女の子はその場にしゃがみ込みはしたのですが、スカートは太ももと下腿の間に挟み込むようにし、お尻は地面に降ろさず浮かした状態でした。可愛らしいスカートを履いていた彼女はスカートを汚してはいけないことを知っているように私には映りました。ただ、アメリカ帰りだった私にはその姿が奇妙にみえました。そして、こんな小さなうちから洋服を汚さないようにすることを学習していることに驚きました。おそらく彼女はどこかで洋服を汚すことがよくないことを学んでいたのだと思います。日本の綺麗好きがしっかり子供にまで浸透しているのを目の当たりにした瞬間でした。

服に体を譲らないようにと思っている私ですが、まだまだいろんな場面で服が体に影響していることに気づきます。食器を洗うとき、無意識のうちに長袖の袖口が濡れないように背中を後ろに引いていたり、顔を洗うときに襟ぐりのあたりを気にして首を遠くに伸ばしたり体を後ろに引いてみたり、無理な体勢をとっていました。それに気づいてからは、食器洗いの時は袖をまくる、エプロンをつける、季節によっては上着を脱ぐようにしています（一応言っておきますがTシャツやタンクトップなどは着てますよ（笑））。すると体が快適にいれるだけでなく、洋服を気にする必要がないので洗い物に集中できます。洗顔の時も同じです。上着を脱ぐこともありますが、最近は汚れても洗えばいいんだ！と言い聞かせバシャバシャ洗います。でも実際そうですよね。洗えばいい話です。というか、たかが水ですから、汚いわけでもないですし、乾かせば済む話です。

小さな動きのことかもしれませんが、私たちは知らず知らずのうちに体に優しくない動き方を学習していきます。そして、それが毎日、何年も繰り返されることで習慣(癖)となり、根強くその人の動きを支配するようになります。ですから、もし自分が服に体を譲っていることに気づいたら、小さな工夫から始めてみてはいかがでしょうか。オシャレが悪いわけではないですし、汚してはいけない服があるのは事実です。私もお気に入りの服は汚したくありません。だからこそ、うまく洋服と付き合ってみてください。

まとめ

・日常生活の中で、服のために体を犠牲にしていないか気づいてみよう。
・例えば洗い物であれば、エプロンをする、袖をまくる、長袖を脱ぐなど小さな工夫をしてみましょう。

7 お天気に左右される体①〜お天気の反応にお国柄あり

お天気(気候や季節)と体や健康の関係は東洋医学など様々な分野で語られています。私自身はそれらに関して十分な知識を持ち合わせているわけではありませんが、経験として湿度が高い梅雨や季節の変わり目は体調が崩れやすいのを知っていますし、多くの方が同じように感じておられると思います。ただ今回は別の観点からお天気と体の関係をお話ししたいと思います。

私は数年間にわたり、日本に拠点を置きながらアメリカ（ニューメキシコ州）とドイツを訪問していました。その中で気づいたことの一つは、お天気に対する人の反応が国（地域）によって異なるということです。

アメリカ・ニューメキシコ州は、年間３４０日ほど晴れるとも言われる太陽に恵まれた土地で、裏を返すと雨に飢えている土地といえます。特に夏の暑さは厳しく、人も大地も乾きに耐えています。そんなニューメキシコ州でも7月〜8月頃にまとまった雨が降る時期があり、人々は恵みの雨の到来を心待ちにしています。

ある年の夏、私がニューメキシコ州にあるサンタフェという街でアレクサンダー・テクニークのトレーニングに参加していた時のことです。大きな窓とバルコニーがあるお部屋で、ふと窓の外の空を眺めると、普段は見かけないようなどっしりと重みを感じる薄暗い雲が広がっていました。空気はいつになく湿気を帯び、じわじわと黒い雲がこちらに迫ってきました。みんなでそれを眺めていると、ポタ、ポタポタ…と雨が落ちてきたと思った次の瞬間、ザーッと大きな音を立てて大きな雨粒が勢いよく降り注ぎました。雨のシーズンの到来です。その瞬間、そこに居合わせた地元の人たちはワーッと声を高々にあげながら両手をひろげ、喜びを全身で表現していました。そして、次から次へと窓を開け、そこに広がる湿気を帯びた空気を全身で味わっていました。雨に対してこんなに歓喜し、心と体を開くのをみたのは初めてで、とても印象的でした。

一方ドイツはというと、アメリカ・ニューメキシコ州と全く異なります。私が出会ったドイツ人達の雨に対するテンションの低さとお天道様に対する高揚ぶりはあからさまなものでした。ドイツでも同じくアレクサンダー・テクニークのトレーニングに参加していたのですが、太陽が顔を出し青空が広がると、ドイツ人は屋外でトレーニングをしようと口を揃えて言い出します。屋外のテラスでランチを取っている時も、日陰に座ろうとする私とは対照的に、好んで日向に座ろうとするドイツ人が結構います。そして休憩時間に青空が広がっていると、芝生に大の字に寝転んで太陽の光を全身で浴びようとする人もいます。ドイツ人が太陽や青空によって心と体を解放していく姿は、当時の私にとって新鮮で興味深いものでした。

一方、日本はどうでしょう。雨に対しても太陽に対してもどことなく心も体も閉じている、そんな印象を受けます。雨に濡れることに対して敏感なのか小雨でも傘をさす傾向が強い日本人ですが、ヨーロッパの方のようにレインコートをまとう頻度は高くないように思います。そして、傘の下にもぐりこむ体は小さく縮こまり、視線は俯きがちです。ニューメキシコ州の人の雨に対する反応とは正反対です。また、雨に対する気持ち（テンション）の下り具合はドイツ人に似ていますが、体の反応はどこか違うような気がします。日本人は濡れないことに対する思いが強いせいか、ドイツ人以上に体を縮こませている傾向があるように思います。

また、日本人の太陽に対する反応も、アメリカ・ニューメキシコ州やドイツと異なります。コスメティックな観点から日焼けに対するネガティブな考えが強く、特に女性は、太陽の日差しに対し体を閉じがちです。太陽が出れば出るほど顔を伏せ、日焼け対策のためにまとった衣類の下で体を小さく縮こまらせるのを見かけます。ドイツ人に、日本の女性の多くは太陽が出て暑くなればなるほど着込んでいくんだよ、というと目をまん丸くして驚いていました。太陽が出て気温が高くなればなるほど服を脱いで肌の露出度が高くなる彼らにとっては日本人の行動が不思議でたまらないといった様子でした。まさに地域柄、お国柄だなと思います。

ちなみに、アメリカ・ニューメキシコ州の家のお隣に住んでいる方は、ドイツ生まれのドイツ育ち、成年以降にドイツを飛び出し日本を含む世界各地を旅し、最終的にアメリカに移住した方で、その人のお天気の反応はとてもユニークです。雨を必要とするニューメキシコ州にいるにも関わらず、雨が降りだすと不機嫌になり、「雨は必要なんだけど。わかってるんだけど…」とボソボソと言い出します。自分の反応のおかしさには気づいているものの、昔育ったドイツでの雨に対する印象が彼女の中で根強く残っているのでしょう。

気候やお天気に対する反応は心理面と身体面にみられ、国や地域で異なります。そこには日本女性のようにコスメティックな影響も加わってきます。雨や太陽に対して常に体を閉じていると、雨や紫外線から体を守っているようでいて実は体に優しくないのかもしれません。ちょっと考えてみてください。体を縮こまらせたから、顔を伏せたからって、どれだけ雨や紫外線をしのげているんでしょうか。実はそんなに変わらないように思います。それなら少しでも体を開いてみる方が体に優しくてよいのではないでしょうか。日焼けしたら良い、雨に濡れたら良いと言っているのではなく、できる雨対策、日焼け対策をしたら、覆われた服の内側で心も体もリラックスしてみてはいかがでしょう。

まとめ

- お天気に対する心や体の反応は国や地域によって異なります。
- ドイツやアメリカに比べると、日本人は太陽や雨に対して体を縮こまらせがち。
- お天気に加えコスメティックな価値観が、太陽に対して閉じる体をつくっています。
- 体を縮こまらせたからといって雨や太陽をしのげる程度はほとんど変わらないので、できる対策をしたら体を開いて快適に過ごしてはいかがでしょうか。

8 お天気に左右される体②〜雨でも〝解放〟！

アメリカ、ニューメキシコ州に滞在するようになって3年目くらいだったでしょうか。夏のある夕方、近所を夫と二人で散歩していると、ポツポツと雨が降ってきました。私は雨に濡れるのを防ぐかのように両手を頭の上にかぶせ、首を縮こまらせながら、早足で家路を急ごうとしました。しかし一緒にいた夫は悠々と歩いており、一向に急ぐ気配がありません。私が「雨が降ってきたから早く」と言うと、夫は「ここの雨はすぐにやむよ」と言ってゆったりと大きく手足をスイングしながら散歩を楽しんでいます。

一向に急ごうとしない夫に「まだ降ってるし!! 家に着いた頃には濡れてるかもしれないよ」と再度急かすと、夫がひとこと「Just water! Enjoy walking!!」、ただの水だよ。散歩を楽しんだらいいよ、と。Just water…。たしかにただの水。仕事に行くわけでもないし、家に帰って着替えれば済むし、しかも小雨だから濡れても大したことないか…。そんな風に思ったら、今まで何を必死にせかせかし体を縮こまらせていたんだろうと不思議になりました。そして雨に濡れていいんだ、と思って歩いてみると、体の緊張は解放され、なんとも気持ちが良くなりました。それからというもの、アメリカでも日本でも濡れていいときは濡れる、そんな風に決めてなるべく

体を解放するようにしています。すると、雨に濡れても平気になり、幼少の頃に戻った気分で楽しかったりもします。日本だとずぶ濡れになった私をみて驚く人もいますが、そんなのは御構い無しです。ぜひ皆さんも、時には濡れていいと決めて体を開いてみてはいかがでしょうか。意外な楽しさや発見があるかもしれません。

とはいえ、いつも雨に濡れていいというわけにはいきません。お仕事に行くのに洋服がビショビショでは困りますし、冬の寒い日に濡れてしまうと風邪を引いてしまうかもしれません。そんなときは、必要な装備をすることです。そして、できるだけのことをしたら後は体を必要以上に緊張させないことです。なぜなら、体を縮こまらせたからといって雨がかかる量はほとんど変わらないからです。私は日本で訪問リハビリの仕事もしており、自転車で利用者さんのご自宅を回ります。働き始めの頃は雨が降るたびにテンションが下がり、体をカッパの下で小さく縮こまらせていましたが、アメリカで先ほどの経験をして以降、縮こまっている自分に気づいたら「それは助けになるのかい？」と自分に尋ねてみます。すると、必要ないよねとリラックスしてまた自転車をこぎ始めます。もちろん、利用者さんのお宅にお邪魔しますし、一日に何軒も回るので、可能な限り濡れない装備をします。カッパはもちろん、時には長靴、そして顔を覆える大きなサンバイザーを使用します。概ね足の先から頭のてっぺんまで覆えているのでほとんど濡れることはありません。濡れないのに濡れないように体を縮めていたんだとある時気づいておかしく思ったことがありました。そして体の緊張を解放してリラックスして自転車をこいでいると、なんだか楽しくなってきます。雨にかかるまいと急ぎ足の人や体を縮こませている人を横目で観察しながら、ルンルンな感じで追い越していくとなんとなく優越感が湧いてきます（笑）。すると不思議なもので、雨は以前ほど嫌いじゃなくなりました。もしかしたら体の緊張が雨を嫌いと思わせていたのかもしれません。もちろん今でも習慣的に「あー、今日雨か⤵」とテンションが下がりそうな時はありますが、そんな時は「それは助けになるのかい？」「ただの水だよ」「農家さんには恵みの雨だね」なんて自分に言ってあげると気分も復活します。テンションを下げたからって雨がやむわけではありませんし、その日すべきことはしないといけません。それなら心も体も開放した方がずっと良いはずです。

雨に対する考え方一つ、体の使い方一つ変えれば、新しい長靴や傘を買ってもらった子供が雨の日を楽しむかのように、その日を過ごせるかもしれません。ぜひ試してみてください。

まとめ

・雨に対して体を縮こまらせることに気づいたら、2つの対策ができます。一つは、雨に濡れても良いと決めて濡れてしまうこと(雨を受け入れてしまうこと)。もう一つは可能な限り濡れない対策をしたら体は解放すると決めること。
・雨はJust water、ただの水です。そう思うだけで、雨を受け入れやすくなるかもしれません。
・雨という刺激の中で体を解放したら、雨が意外と嫌いでなくなるかもしれません。実験してみてください。

9 頭で体を制御する　～静かにすることが大切な日本人

赤ちゃんの頃、何かができるようになるたびに子は賞賛されていました。寝返りやお座り、這い這いやつかまり立ち、そしてあんよができるようになる度、親は両手を叩いて喜び、赤ちゃんもその両親の姿をみて喜んでいたはずです。そして、赤ちゃんにとって動きは見える世界、関わる世界を広げてくれるものであり、動くことは好奇心がそそられる楽しいものだったに違いありません。つまり、動きは両親にとっても子にとっても善だったわけです。

しかし、いつの頃からでしょうか。親は子が動くことを否定し始めます。「じっとしなさい」「静かにしていなさい」「ちゃんとしなさい」といった言葉を繰り返しかけられるようになります。マンション内やあらゆる公共の場所に「静かにしましょう」などの張り紙が当然のごとく貼られ、親だけでなく社会からも自己抑制、おとなしくすることを求められます。そして、動くエネルギーにあふれているはずの子供は、体の声を聞くこと、その欲求を満たすことを悪として学び始めます。また、じっと静かにしていることで褒められ、体を思考で抑え込むことが良いこととして認識しはじめます。子供にとっては動きたい欲求と親や先生から褒められたいという報酬欲求の間で、あるいは怒られることに対する恐怖との間で葛藤する中、いつしか体を思考でコントロールする、抑圧することが普通になっていくのではないでしょうか。そして、大人になった時には体の声を無視することが当然のように馴染んでしまい、体調を崩しても働き続け、時には取り返しのつかない状態になってしまった方もおられるはずです。

もちろん、集団の中で生きている私たちにとって社会性を獲得することは大切ですし、なんでも体の欲求だけを聞くことが善とはいえません。例えば子供達が授業中に座っていられない、集中できないというのが続くとそれは周囲にとってだけでなく本人にとっても望ましいことではありません。ただ、体の声（欲求）を聞くこと、その声に従うことを簡単に悪いことと片付けるのは危険なようにも思います。単に自己抑圧し欲求不満になるのではなく、思いっきり体の欲求をみたしてあげる、元気に思う存分外で走り回る、遊ぶということで、もしかしたらその欲求は抑圧ではなく解放（リリース）され、落ち着きを取り戻すかもしれません。

子供のエネルギーは限界知らずですし、何かに夢中になっている時の集中力や発揮できる能力は大人顔負けです。それは子供に与えられたギフトであり、動きの中で学習していることは計り知れません。子供に与えられたギフトを最大限に生かすためにも、うまくバランスがとれるといいなと思います。もちろん、それは大人も同じです。体は私たちが生存するために、そして健康を維持するために24時間休むことなく働き、何か不調があると私たちに随時警告してくれます。そんな働きものでしっかりものの体だからこそ、私たちはその声に耳を傾け、自分で自分をケアし守ってあげることが大切なように思います。

おまけ

日本人であること

皆さんの暮らしがより豊かに快適になってほしい、そんな想いから、この章では日本人ならではの動きの改良点をあげましたが、日本人ゆえに誇れることがたくさんあるのも事実です。私自身、日本を離れる経験を通して、日本に存在する美しさを再確認し日本人として誇らしく思うことが数多くありました。特に、他者への気遣い、集団を重んじる日本の国民性は他国からの評価も高く、日常生活だけでなく震災など緊急事態においてもそれが発揮されるのは、日本人にその価値観が根付き、日々の鍛錬をしている現れだといえます。

しかしながら、どんなものも表裏一体で、時に簡単に裏と表がひっくり返ってしまいます。他者への気遣いは日本人としての美しき一面になることもあれば、ちょっとしたことで自己犠牲というネガティブな要素に置き変わります。また、他者への気遣いが、他者を気にするとなり、他者に見られている自分として行動を決定することもあるでしょう。こういった表と裏の微妙なバランスを自分の中でどうとっていくか、どうやったら良い面を優位に立たせることができるのか、それは個々が考えていくしかないのかもしれません。

私自身の中に正解はありません。ただ、何事も表裏一体で、一概に良し悪しを語れないことを知っているだけです。何が表か裏かはその時々の状況で変化するでしょうし、誰かにとって表だったことが、他の誰かにとって裏であることもあります。自分が導き出した結論や行動が問題を引き起こし後悔することもあれば、賞賛されることもあります。だからこそ、自身で考え、決定し、最善を尽くすしかないように思います。また、日本人だから、日本の常識では…という発想で導き出した結論や行動は、もしかしたら単に自身の習慣なのかもしれません。自分が日本ではこうすべきだ、日本人はこんな風に行動していると思っているだけで、よくよく観察すると日本人としての選択ではなく、自分ゆえの選択であることは多々あります。いま一度、自分が何を選んでいるのか、あるいは選んでいないのか（選んでいる気になっているのか）気づくことが大切なように、自分自身に対して感じています。

そして、グローバル社会となった今、海外から学ぶことも大切だと思います。それは日本的価値観や文化を捨てるということではなく、逆に日本の良さを引き出すヒントになるのではないでしょうか。そして、自身の選択の幅を広げてくれるように思います。

第5章 表現する体 表現される体

1 アートから学ぶ動き　～感情は身体的である

ローマとフィレンツェを旅したときのこと。二つの街のいたる所に彫像が飾られており、それまでの人生で出会った何倍もの彫像を数日間で目にしたのではないかと思います。どれも素晴らしい彫像だったのですが、その中でもミケランジェロの作品には他にはない圧倒的な表現力があり、まるで感情や生命が宿っているように感じられました。特に複数の人物で構成される作品、ピエタからは、感情が他者との関係性の中で存在しているのが明確に表現されており、私は彼のアートに魅了され、しばらくその場を離れることができませんでした。そして、その中で湧いてきた一つの疑問。

なぜ彼の作品に感情や生命を感じるのか？

当然のことながら石の塊ですから心も生命もありません。それでも彼の作品にはそれらを感じることができます。なぜ石に感情や生命が宿るのか、何がそれを感じさせているのか、そんな疑問を抱きながら他の作品を見比べてみると、自分なりの答えがいくつか浮かんできました。もちろん、これらが正しいかわかりませんが、みなさんにシェアしたいと思います。

最初に気づいたのは重みの存在でした（重さとは異なります）。生命を失ったイエスには、生存者である像にはないずっしりとした重みが感じられ、さらにその重みはイエスを抱きかかえる人に伝わっているのが明確でした。もちろん一つの石から作られているので、石の各部位の重さはある程度均等なはずです。しかし、死や生、感情や存在の質、体の状態が、重みを通して表現されており、リアルな人物のように感じさせているのかもしれないと思いました。

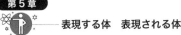

では重みは何によって表現されているのか。それは、巧みに表現された筋肉のトーン（緊張あるいは脱力具合）に由来するのではないかと思いました。生命を失ったイエスは、筋肉の脱力具合が見える形で巧妙に表現されており、見る者にずっしりとした重みを感じさせます。生命を持つものも同じで、彫像それぞれが異なる筋肉のトーンを持ち、ある種の感情や存在感、その人の動きの質（例えば力強さ、柔らかさ）、人物像を表現しています。

また、体の各パーツは三次元的に絶妙な形・配列を有し、これもまた、感情や生命、他者との関係性の表現に大きく影響しているのではないかと思います。わずかに傾けられた首やカーブを描いた背中はある種の感情を表現しており、その角度やカーブがほんのわずかに変わるだけで、感情も他者との関係性も全然違ったものになるのではないでしょうか。また彼の作品には人間の自然な体の動きが巧妙に作り上げられています。私たちは、不自然なものに対して「おや？」といっミケランジェロ作「サン・ピエトロのピエタ」

観る者に〝重み〟を感じさせる見事な身体表現は、筋肉のトーンの表現の巧みさによるところが大きい。

た違和感を覚え注意が引きつけられますが、彼の作品はあまりにも自然に人の体の動きが表現されているため、最初はその完璧さに気がつきませんでした。そして、自然に存在している体だからこそ、体ではなく、体に表現されている感情や生命を感じ取ることができるのかもしれません。

こんなことを思うと、ミケランジェロは人の体(解剖)の詳細を理解していただけでなく、感情は身体的であること、そして、それぞれの感情がどのような身体表現をしているか熟知していたのではないでしょうか。もちろん、それを感覚的に捉えていたのか、理論的に捉えていたのかは分かりませんが、人の体に表現されているものを見ていたのだろうと思います。そして、それらを形にするテクニック、高いスキル

ミケランジェロ作「フィレンツェのピエタ」

「フィレンツェのピエタ」はイエスを中心に４人の人物から構成されているが、向かって左側の女性の部分のみ、ミケランジェロの弟子の手によっている（拡大写真左下）。ミケランジェロ作の３人は人同士の関係性や重みの存在が見えるが、女性の部分のみ、イエスとの関係性が薄く、イエスの体の重みを受け取り支えているように感じにくい。

を持ち合わせていたというのは言うまでもありません。そんなことを思うと、ミケランジェロはやっぱり天才ですね。彼が生きていたら、彼がどのように人の動きを観察し、人の動きの中に何を見、何を表現しようとしたのか聞きたかったなと思います。

心も生命も持たない石に感情や命を宿らせるミケランジェロのアートは、感情は身体的であり、それが体を通して見えることを改めて理解させてくれました。人によっては、心の問題は心だけのものとして捉え、心の問題に対してはカウンセリングなどの心を切り口にしたアプローチしかないと間口を狭めている方もおられるかもしれませんが、ミケランジェロのアートが示すように、感情が身体的であることを考えると、体を切り口に心にアプローチすることは可能であり、時に心を切り口にしたアプローチより効果的であるケースもあるのではないでしょうか。

心だけ変わろうとしても、以前の感情とともにあった体のままでいると、心が体に引き戻されることもあります。そんな時は心の問題に対して体を切り口にしたアプローチを試していただきたいなと思います。私のレッスンに来られた方の中には、体が変わっていくと、安らぎの表情や笑顔がみられたり、自信が湧いてきたりやる気が出てくるとおっしゃる方がおられます。これも心身一如ゆえなのだと思います。もちろん逆も然りです。心を切り口にしたアプローチが体を変えてくれることもあります。どちらの切り口が正しいということではなく、その時に適した切り口で、自分自身を望む方向に導いていってほしいと思います。

まとめ

・ミケランジェロのアートは、感情が身体的であることを教えてくれます。
・心身一如なので、感情を変える切り口は身体的であっても良い。自身に適した切り口で自分を望む方向に変えていってはいかがでしょうか。

コラム

○大根役者ならぬ、大根彫像

感情を表現しようとしてオーバーアクションになったり、演じようとしているのがみえてしまう、いわゆる大根役者という方がおられるように、アートにも大根役者ならぬ大根アート、大根彫像がいます。大根彫像は、体はいかにも悲しんでいる、怒っている、歓喜しているような姿をしているんですが、そういうポーズをとっているようにみえて、私個人は残念ながら感動しません。またポーズをとっているので、動きというものも感じられません。

私たちの感情は作り出すというより、どこかから（自分の内側から自然と）湧き出てきて、ある意味、自分のコントロールを超えたところで起こるように思います。それは体も同じで、動きをつくろうとするのではなくつくられるもの、表現するのではなく表現されるものなのかもしれません。

そしてそれが、その瞬間のありのままの心と体であり、自然体といえるのではないでしょうか。ただ、俳優さんや彫刻家がすごいのは、その自然体を作りだせることです。矛盾していますが、表現されているように演じたり、彫像を作り出すことができる、これが才能なんでしょうね。本当に素晴らしいなと思います。

2 体は言葉以上に語る

アレクサンダー・テクニークのワークショップで講師を務めさせていただいた時のこと。参加者のお一人は公私ともにおつきあいのある方で、私がよく知っている方でした。家族の介護と仕事（会社経営）の両立に加え、代表を務める会社の人員不足でご自身自らが現場で走り回り、実働と経営の両立を強いられている状況におられました。朝早くまで夜遅くまで連日のように働き、もちろん睡眠時間は限られていました。

そんな状況を知っていた私は、その方のことが心配で、ワークショップ前に「最近どうですか？体調はどうですか？」と声をかけました。すると、私の心配を余所に、その方は淡々とした調子で「大丈夫よ。病気なんかならないし」と言って、あたかも大したことをしていないかのように介護や仕事の様子を淡々と語ってくださいました。その語る姿には犠牲者の装いや善人ぶった雰囲気、「ねばならない」という強迫的な想いは全く感じられず、その方の優しさと意志の強さに深く関心すると同時に安心しました。

ところが、ワークショップが始まり、久々にその人の体に触れたとき、その体から聞こえてくるメッセージは先ほど感じたものと異なるものでした。疲れてドシッと重くなった体は、もがくこともせず、ただじっと耐えているかのように感じられました。「もう限界が近づいている…」、そんな静かなメッセージが体から聞こえると、私は触れた手を通して体に語りかけました。「休んで大丈夫」「身体はこんなことを言ってますよ」。無言のメッセージを送りながら、抱えた緊張や疲れをリリースしていくことだけに集中しました。筋肉の緊張が緩和していくとともに、こわばった表情が和らでいくのが見えました。

ワークショップ後、その方が私のところにきて「体は違うメッセージを出してますね」と仰りました。私は「そうですね。」と答えました。体からのメッセージを聞いてどうされるかはその方の選択なので、私が立ち入ることではありません。私にできることは体のメッセージに耳を傾けそれを届けること、そして体が抱えた緊張をリリースするお手伝いをするぐらいです。わずかなことですが、その方の置かれている仕事や介護の実情に関与できない第三者が口であれこれアドバイスするより、意味があることのように思います。

病は気からというように、意志の強さは体を助けます。言霊と言われるようにポジティブな言葉を発したり、大丈夫だと自分に言い聞かせることで元気になることはあります。しかし一方で、この方のように体は限界を感じながらも頭の声に従い、耐え忍んでいることもあります。社会に生きる中、私たちの頭の声が体の声に比べ大きくなりがちで、体の声が聞こえにくかったり、体の声に耳を傾けることを忘れがちなのではないでしょうか。私たちがこうやって働いたり、スポーツしたり、食事をしたり、家族や知人と楽しい時間を過ごせるのも、私たちが眠っている間も含め24時間休むことなく働き続けてくれている体のおかげです。ぜひ頑張り屋さんの体の声を聞いてあげてほしいなと思います。

余談になりますが、体は語る、体のメッセージを聞いて届ける、などというと私が特殊な能力を持ったような、エスパーのような怪しい存在と思われるかもしれませんが、これは誰にでも持ち合わせている能力だと私は思っています。触れられた時に、嫌々触れられているのか、あるいは好意をもって触れられているか大抵の方はわかります。あるいは、ハグやスキンシップで愛情を受け取ったり届けたりできるのも同じようなものだと思っています。体はそれだけメッセージを出したり受け取っているということだと思います。

まとめ

・時に体は口以上に語ります。自分の体がどんなメッセージを出しているか聞いてみましょう。
・言霊と言われるようにポジティブな言葉を自分にかけることは大事ですし、体はそれによって元気になることもあります。ただ一方で、体の声に耳を傾け、それに従うことも大切です。

コラム

○体さんの弁護人からのメッセージ

マインドさんが言うことに対して素直に従ってくれる体さん。背中をまっすぐに!!と言われれば、（本当は背骨はまっすぐじゃないけど）背筋をピンと張ってまっすぐにし、女性らしく!!と言われれば、脚をキュッと閉じて、お腹をへっこませ、「出る杭は打たれるから」と言われれば、肩幅や背骨を縮こまらせてなるべく小さくなろうと頑張っています。窮屈で居心地が悪くても、ちゃんと言う通りにしてくれる忠実で辛抱強い体さんなんです。

体さんは、私たちにたくさんの喜びや楽しみを与えてくれます。食べること、旅をすること、人と話すこと、大好きな人に触れること、全部、体さんのおかげです。でも、感謝の言葉をかけてもらうことなんてほとんどなくて、「あなたのここが嫌い」「もっとこんな風だったら」と嫌われ者呼ばわり。しまいには、「あなたのせいで苦痛だ。幸せになれない」などと心ないことを言われてしまう。それでも言い返すことなく、ただ私たちに喜びや楽しみを与え続けてくれる寛大な体さんなんです。

暴飲暴食や徹夜での仕事、夜遊び…、マインドさんの好き勝手な要求に付き合ってくれる体さん。お付き合いしながらも調子が悪くならないか気にかけて、頃合いをみては「ぼちぼち休んだ方がいいよ」と警告を出して守ろうとしてくれる。ただ、そんな言葉はたいてい聞いてもらえず無視されてしまうんだけど…。それでも放っておくことができず警告を鳴らし続けてくれる心優しい気配り上手な体さんなんです。

すぐに未来や過去に出かけていってしまうマインドさんの帰りを、いまここで待ち続けてくれる体さん。いつもほったらかしにされる体さんなのに、マインドさんが帰ってくると、今度は監視され、ジャッジされ、指図される。体さんはただ一緒にいまこの瞬間を楽しみたいんだけど…。

本当は自分自身なんだけど、物のように扱われる体さん。お母さんのお腹の中でこの世に存在してから一緒に居続け、これから先も死ぬまでずっと寄り添い苦楽を共にしてくれる体さんです。素直で謙虚で、忠実で、頑張り屋さん。それでいて我慢強い体さんだから、もう少しだけ気にかけ、感謝し、優しくケアしてあげてください。

体さんの弁護人より

3 タッチのちから（触れる力）

理学療法士として病院に勤務していた頃、ＩＣＵ（集中治療室）で治療を受けている重症の患者さんのリハビリに携わることが度々ありました。その中で経験したタッチのちから（触れる力）を紹介したいと思います。

ＩＣＵは異空間です。人工呼吸器や心電図などの機械音、たくさんのスタッフの会話、慌ただしく動き回る足音、そして、けたたましいアラーム音が響き渡ることもしばしば。そんなノイズにあふれた空間は、医療関係者ですら心休まらないような場所です。初めてＩＣＵに足を踏み入れたときは、知識や経験不足による不安だけでなく、その異様な雰囲気に心臓がドキドキしたのを覚えています。

ＩＣＵへ出入りを繰り返し、異空間にも少しずつ慣れていった頃のことです。痰の吸引で体をバタつかせ苦しむ患者さんの姿を見て、ふとこんなことを思いました。

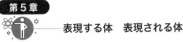

「ここにいる患者さんはこの世界をどんな風に感じているんだろう…」。

　痰吸引の前、看護師さんは大きな声で「○○さん、痰を引きますね。」と声をかけます。でも、意識が朦朧としている患者さんにとって、その声は部屋に溢れるノイズにかき消されるか、自分に向けられていると気づいていないことがほとんどで、仮に自分に向けられていることに気づいても言葉の意味はほとんど届いていないように見受けられました。そうなると、喉（気管切開部分）に挿入される吸引チューブは患者さんにとって予期せぬものであり、同時にやってくる勢いのある咳き込みはなんとも耐え難いものです。吸引だけでなく、次から次へとやってくる検査や処置、体位変換。誰かがやってきて自分に触れたかと思うと苦痛が押し寄せてくる。そんな経験を繰り返している患者さんにとって触れられることは恐怖でしかないのではないだろうか、そんな風に思いました。

　また鎮静が弱められ、目を開けることができる患者さんに向けられる医療者や家族の笑顔は束の間の安心かもしれませんが、みなが同じ感染予防のための帽子やマスク、衣類をまとい、顔のほとんどが隠れた状態では、どの人が自分にとって安心できる存在か見分けることは難しいかもしれません。病気からやってくる苦痛だけでなく、置かれた環境からやってくる不安は想像を絶するものだといえます。

　また、これはＩＣＵを出て元気になった患者さんから聞いて驚いたことですが、ＩＣＵでしっ

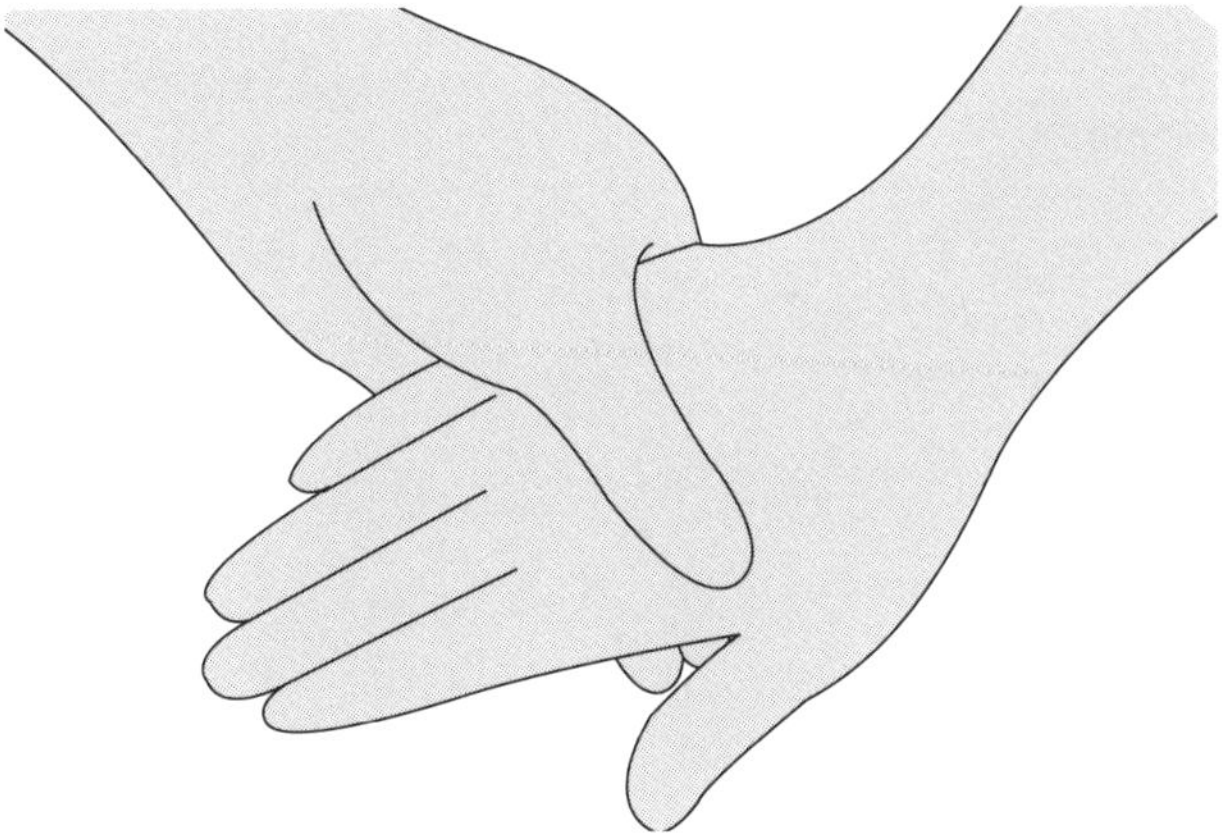

かり目を開け、言葉や筆談でコミュニケーションを取っていた方であっても、多くの方がその頃の記憶がありません。それぐらい曖昧な意識レベルだといえるのだと思います。そんなことを思うと、開眼もままならない患者さん、状態の安定しない患者さんは、自分が治療を受けていることも、どこにいるかも分からないのかもしれません。

そんなＩＣＵの患者さんにとって、私が安心できる存在になるにはどうしたらよいか、医療者の一人としてではなく私という個の存在を認識してもらうためにどうしたらよいか、苦痛や不安の中で生きる意欲を持ちリハビリを受け入れてもらうためにはどうしたらよいか、そんなことを考えました。

そして、私がとった行動はこんなことでした。ＩＣＵに入りベッドまでいくと、患者さんにすぐに声をかけるということはせず、足元付近のテーブルの上に置かれたその日の記録に確認し、担当の看護師さんと情報交換をします。情報収集を終えリハビリをする準備が整ったところで、患者さんの頭元まで行くと、寝ている患者さんの右手をそっと握ります。「安心して良いですよ、大丈夫ですよ」そんなメッセージを手で届けながら「○○さん…。○○さん…。リハビリの林です」と耳元でささやきます。大きな声は届きそうに思われがちですが、部屋のノイズに紛れてしまったり、誰に向けられた声なのかわかりにくくなってしまうので、その人の注意がこちらに向くように耳元でささやくようにしました。そして、音が声として認識され、声が言葉として認識されるのを期待して、間をおいてその人の名を何度か呼ぶようにしました。

また、目が開いた方には互いの目線がなるべく平行に出会うように顔を覗かせ、手の感触と声と視覚を一致させ私であることを認識してもらうようにしました。リハビリ中も丁寧に触れ、ストレッチや可動域訓練、リラクゼーションなどの快刺激からはじめ、触れられることで安心や心地よさを本能的に感じてもらうよう意識し、そこから徐々に負荷量を上げていくようにしました。

そして、リハビリの最後には再び、手を握り、耳元で「お疲れ様でした。リハビリを終わりますね。明日も来ますね」とささやき、開眼している方にはマスクを一瞬下げて笑顔を向けることもありました。この一連の流れを、私がＩＣＵでリハビリを開始する時と終わる時の儀式とし、全ての患者さんに行うようにしました。

すると、驚くほどの反応がありました。震える手で「今日のリハビリは？」と紙に書いて看護師さんに尋ねる方、「林さんは今日も来てくれるのか？」とリハビリを楽しみに待ってくれる方、リハビリが終わると自ら手を差し伸べてしばらく私の手を握っておられる方など、多くの方が私という存在を認識してくださいました。患者さんが私であるということを認識できた一番の理由は、私の声や視覚から入る笑顔ではなく、開始時と終了時に握る手だったと思います。あくまでも主観ですが、私の中にははっきりとした手応えがありました。

ある患者さんは、リハビリ初日の開始時、意識がぼーっとした状態でぐったりされたご様子でした。私が握る手にも声にも反応はなく、閉眼した表情には険しさがみてとれました。いつものように手でメッセージを伝え、一連の儀式を経てリハビリを丁寧に行いました。そしてリハビリ終了時。「頑張りましたね。リハビリを終わりますね。」という声かけとともに手を握ると、弱々しいながらも私の手を握り返してくださいました。目は閉じた状態で顔にはまだ険しさが残っていましたが、握り返すその手には、リハビリ開始時には感じられなかった生きようとするエネルギーがはっきりと感じられ、その瞬間、「よし、大丈夫だ」と私は直感的に思いました。そして「大丈夫。これから一緒に頑張りましょう」と手で返すと、先ほどよりしっかりした感じで握り返してくださいました。

その日以降、その方の握る手から感じられるエネルギーは増していき、ＩＣＵから一般病棟へ移動し、元気になって退院されました。この方だけでなく、たくさんの患者さんが私の手を握り返し、想いを伝えてくださいました。

ＩＣＵの看護師さんの中には、なぜ私が患者さんに受け入れられていたのか、時に苦痛や疲労を伴うリハビリを患者さんが嫌がらずに頑張ってくれるのか不思議に思われていた方もおられたと思いますが、それは一連の儀式、患者さんと私だけが交わす触れることを介したコミュニケーションがあったからです。

意識が鮮明でない患者さんと手で交わす会話は決して詳細を語ることはできません。でも、ありがとう、一緒に頑張っていこう、大丈夫、といった互いの想いを通わすことはできます。あるいは、生きる希望や勇気を伝えたり受け取ることができます。それは言葉や笑顔以上に語ることができ、理性を超えた部分、本能的な部分に伝えることができるのではないでしょうか。母親に抱っこされる赤ちゃんと同じです。世界がどんなものか知らず、最初は笑顔の意味も理解できず、言葉も認識できない赤ちゃんにとって、抱っこされること、触れられる感触そのものが、赤ちゃんにとっては世界であり、大きな刺激であり、安心を運んでくれるものなはずです。それは大人にとっても言えることで、触れられる手や包み込まれる体を通して愛情や思いやりの気持ちを受け取り、伝えることができます。私たちは長い人生の中で、人や物に触れ、数え切れないほどの喜びを経験します。この喜びを感じられるのは体があるが故であり、触れることは体に与えられたギフトの一つといえるのではないでしょうか。

コラム

○言葉なきコミュニケーション

脳卒中を発症し、運動麻痺に加え、重度の言語障害を患った（言葉を理解することが困難で、発することも難しくなった）患者さんのリハビリを担当したときのことです。とても気遣いをされる性格の方で、わずかな言葉を聞き取ろうと顔をしかめながら言葉に集中したり、ジェスチャーで伝えたことに対して必要以上に大きくうなずき理解したことを伝えようとされていました。そこにはたくさんのエネルギーが注がれており、理学療法（基本動作等の回復を目指したリハビリ）に集中するのを邪魔しているように感じられました。

そんなことから、ある日、その患者さんとのリハビリの時間は言葉を一切使わないと決めました。また、その方がわたしの表情を読み取ろうという努力をしなくてよいように、あるいは愛想笑いや余分な気遣いをしなくてよいように、私はなるべく患者さんの死角に位置するようにしました。最初の頃は、うまくできているか、ご自身の理解が正しいか不安そうだったので、適切に行えている時には患者さんの視野の中にオッケーサインの手を差し出すようにしました。

その日から二人の間で新たな関係とコミュニケーションが生まれました。

触れる手と体でのコミュニケーションは日々私と患者さんの感覚を繊細にし、集中力を高めてくれました。音なき会話はより詳細を語れるようになり、聞き取れるようになっていきました。そして、お互いが言葉を気にせず、安心して機能回復に向けて懸命になることができました。周囲には聞こえない音なき会話をしていると、二人で内緒話をしているような、秘密を共有しているような気がして、親密さが増してくるような気分でした。そんな時間や関係が楽しくて心地よくて仕方がありませんでした。

言葉は偉大です。でもサイレントには言葉にないパワーがあります。そして、触れる手や体は時に言葉以上にありのままを語り、二人の関係をつないでくれます。そんなことをこの患者さんは教えてくれました。改めて、感謝致します。ありがとうございました。

4 動きの中にある美しさ〜なぜ「読む」が「話す」になり、「語りかける」になるのか

２０１９年５月１日、平成から令和へと時代が移りました。それに先駆け、多くのテレビ局や新聞、インターネットのサイトが平成の天皇陛下（現、上皇様）のこれまでの歩みを特集として報道していました。私自身は、それら報道の一部と、たまたま寄った百貨店で開催されていた天

皇皇后両陛下（現、上皇ご夫妻）の写真展を拝見しました。天皇皇后両陛下が歩んでこられた歴史や行動、言葉には心打たれるものがあり、それまで以上に天皇陛下に親近感や敬意を抱くようになりました。そして、4月30日に執り行われた退位礼正殿の儀。天皇陛下として国民に向けて最後のお言葉を述べられる場面がありました。国民に寄り添い、国民の象徴として様々な取り組みをされてきた天皇陛下が、最後にどのようなメッセージを送られるのだろうと私は期待と興奮を感じながら、一方で厳粛な想いで画面に目を向けていました（当日は仕事だったため、インターネット配信で拝見しました）。

安倍内閣総理大臣の言葉が終わり、いよいよという時に、燕尾服をまとった一人の男性が大切そうに一枚の紙を手に天皇陛下に歩みよっていきました。「あらっ!?読むんだ…」。心の中でそうつぶやいた私がいました。よく考えてみれば当然のことなんですが、その瞬間は「読む」ということに残念な想いがふっと私の中に湧いてきました。しかし、その紙を手に言葉を発せられる天皇陛下をみて、そんな想いは吹き飛んでしまいました。なぜなら、そこには「読む」が存在しなかったからです。「読む」が「話す・語る」になり、「話す・語る」が「話しかける・語りかける」に変化しているように私には感じ取れたからです。そして語りかけられた国民の一人である私に、そのメッセージはまっすぐに届いてきて、とても感銘を受けたのを記憶しています。

何が「読む」を「話す・語る」に変え、さらに「話しかける・語りかける」に変えるのか。なぜ一つのシンプルな動作に美しさを感じ感動するのか。それは、体を含んだ自身の使い方・在り方がそれらをもたらすのだと思います。視線や間（時間的間合い）、動と静の使い分け、あらゆる動きが故なのでしょうが、そのすべてを分析することはできませんし、美しさを感じることや心が動かされることは頭での分析を超えたところでやってくるものなので、分析の必要はないように思っています。

体は表現しています。その人自身や、その瞬間の心や想いを表現しています。そして、その表現を私たちは体と心を通して受け取り、感動したり悲しんだり心を通わせるのだと思います。

5 ありのままの美しさ

私が理学療法士として病院に勤務していた頃、90歳手前の小柄な女性Kさんが急性心筋梗塞で入院されました。ＩＣＵでの治療で一命を取り留め一般病棟に移動となり、私がリハビリを担当させていただくことになりました。

高齢であることに加え、心臓の機能や全身状態が低下したKさんにとってリハビリは決して容易ではなかったはずですが、弱音一つ口に出さず、苦悶の表情一つ出さずリハビリに参加してくださいました。そして、リハビリの始まりと終わりには必ず両手を丁寧に合わせ、「ありがとうございます」「感謝感謝です」と丸まった背中をさらに丸め、深々と頭を下げてくださいました。まるで、Kさんにとっては感謝することが習慣になっているようでした。言葉、体、心、全てで感謝を表現されるKさんの想いはまっすぐに私に届いてきて、それを受け取る度に私は自身の心がほっこり温まるのを感じました。そして、自然と私もKさんのように深々とお辞儀をして、感謝の言葉を述べると、最後は二人で顔を見合わせて笑みがこぼれる、そんな日々が過ぎていきました。

しばらくして、Kさんの体調が悪化したため、少しの間、リハビリが中止となりました。治療と安静を経て状態が落ち着いてきた頃、リハビリを再開することになりましたが、体への負担を考慮し、リハビリ室に出室してもらうのではなく、私が病室に伺いリハビリを行うことにしました。

リハ再開初日。西日が和らぎつつある夕暮れ前でした。四人部屋の窓際にあるKさんのベッドはカーテンで覆われており、私はベッドの足元まで移動しカーテンの隙間から顔を覗かせました。するとそこには、窓に向かってベッドの端に腰かけ、いつものように両手を合わせ感謝の言葉をつぶやくKさんの姿がありました。優しい陽の光が、背中が丸まり小さくなったKさんの体を包み込んでおり、そこに存在するKさんの姿は穏やかさに満ち溢れているように私には映りました。

Kさんを含むその空間は、病院にいることを忘れてしまうほど静穏で柔らく、私はその美しさにみとれてしばらく声をかけることができませんでした。ベッドの片隅にポツンと立ちKさんの姿を眺めていると、しばらくして私に気づいたKさんは、ちょっと照れたような表情で合わせていた両手を下ろした後、いつもの優しい笑顔に戻って「よう来てくださいました。ありがとうございます。」と丁寧に挨拶されました。そしてリハビリを終える時に、「この病気のおかげでみなさんに出会えて、こんなによくしていただいて、本当に感謝感謝です」と再び両手を合わせて丁寧にお辞儀をしてくださいました。

私にはとても美しく穏やかに見えたKさんでしたが、実際のところ、Kさんがどんな風にご自身を感じておられたのかはわかりません。加齢と闘病で身体的には苦しい状態だったはずなのは事実です。しかし、その瞬間のKさんは、体を超えて、でも体を通して、体も一緒に穏やかな世界におられるように私には映りました。

左右対称に整った体、スラっと上下に伸びた体にはある種の美しさがあります。しかし、Kさんのように、その人の生き様や生きてきた歴史が表現されている体にも美しさを感じます。心を表現する体、想いを伝える体、心身一如で偽りのない体、形を超えた美しさがそこに存在しているのではないでしょうか。

お◆わ◆り◆に

みなさん、いかがだったでしょうか。体や動きに対する新たな視点を得ることができたでしょうか。一つの観点を掘り下げていくことは大切ですが、少し違った角度から眺めることで、新たな発見や驚きがあり、問題解決の糸口がみつけられます。そして、みなさんの体がもつ可能性・未知なる動きを引き出すきっかけになると思います。もし、本書を通して、自身や周囲の人々の体や動きをいつもと違う視点から見たり考えたりできるようになったとしたら、そして、新たな経験ができたとしたら、私としては大満足です。

今回、体や動きに影響を及ぼす様々な因子について理解できるよう、章ごとに違った切り口から体や動きを捉えています。動きの向上に直結するものもあれば、そうでないもの、頭では理解できたが体で理解するには時間を要するものがあったかと思いますが、動きの指導者としての経験と自身の体と向き合ってきた経験から皆さんの助けになるだろうと思ったものを書き下ろしました。最後の第5章「表現する体　表現される体」は、私の主観的な経験をシェアしたもので、客観性や再現性のない事実をこういった体や動きにまつわる本に入れることには賛否両論があるかもしれません。この章を外すことで内容にまとまりが生まれ、わかりやすい本としてお届けできただろうという意見があってもおかしくないでしょうし、私自身もそれは一理あると思っていますが、こういった体の神秘的・感覚的な面もまた体の持つ力であり真実であり、それらに目を向けることが体との向き合い方を変え、新たな動きの経験を引き出し、人生を豊かにするきっかけになり得るのではないかと考えています。

私自身、様々な方々の感性に触れることで自身の感性を磨いてきました。中でも、二人のアレクサンダー・テクニークの師匠の感性に触れることは、私にとって新鮮で刺激的で、私に新たな視点を与え、視野を広げてくれたことは間違いありません。彼らの感性に触れなければ、第5章に書いたような私の経験はなかったと思います。私が師の感性や経験を通して自身の経験を広げていったように、皆さんが私の個人的経験にヒントを得て、ご自身なりの経験を見つけていただけると嬉しいな思っています。

私たち人間は、体の構造や動くためのシステムにおいて共通したものを持ち合わせているにも関わらず、実際の人の体や動きは一人ひとり驚くほど異なっており、個性豊かです。その個性を安易に否定することなく、「人に本来備わっている動く機能・構造とは何だろうか?」「自身の動きを邪魔しているものはなんだろうか?」という問いかけとともにあらゆる角度から自分自身と向き合っていただけたらと思います。

最後に、この場を借りて感謝の意を述べさせていただきたいと思います。

まず、アレクサンダー・テクニークの二人の師匠、ロビン・アバロン先生とブルース・ファートマン先生に心より感謝いたします。二人の師匠は、私の人や動きに対する好奇心をさらに駆り立て、視野を広げ、新たな経験をするきっかけや前に進む勇気を与えてくれました。自身が書き下ろしたものを読み、改めて彼らから学んだことが自身の中に根付いていることを実感しました。彼らに出会わなければこの本は存在しなかったと思います。

ちなみに、第3章はアレクサンダー・テクニークで紹介されているボディ・マッピング（ビル・コナブル氏が創始）というアイデアが元になっており、私自身は師匠であるロビン・アバロン先生が創始したLiving In A Bodyというボディ・マッピングにまつわるコースからヒントを得ています。日本でもLiving In A Bodyのコースを受けることができますので、ご興味がある方は是非受講してみてください。

本の出版を決意する段階から本の完成に至るまでの間に、私が尊敬し信頼する三人の動きのスペシャリスト、山本晶一先生（心身統一合氣道会師範）、荒木靖博さん（アレクサンダー・テクニーク教師、整体師）、中西眞さん（理学療法士）から貴重なご意見を沢山いただきました。お忙しい中、快く原稿に目を通してくださったこと、ご指導くださったことに心より感謝申し上げます。

また、私の理学療法（リハビリ）を受けられた患者さん、アレクサンダー・テクニークのレッスンを受けられた生徒さんは私の師となり様々なことを教えてくれました。彼らから学んだことは数知れず、動きについてだけでなく私の人生においても助けとなる教えを与えてくださいました。皆様のご健康を願うとともに、心より感謝いたします。

そして、出版という私とって初めてのチャレンジをサポートしてくださったＢＡＢジャパン編集者の原田伸幸さんに深く感謝申し上げます。たくさんのご助言や励ましのお言葉をいただき、また私の考えやリクエストに丁寧に耳を傾けご対応くださり、本当にありがとうございました。

最後に、読者の皆さまへ。この本を手に取り最後までお読みくださり、ありがとうございました。みなさんの体や動きには未知・可能性が溢れています。ぜひ自身の体や動き、自分自身を探求していってください。

２０２０年８月

林　好子

著者略歴

林 好子（はやし よしこ）

1999年、理学療法士免許取得。2009年、アレクサンダー・テクニークに出会い学び始める。2011年、日本と海外を行き来する生活を開始。2016年、Alexander Alliance Southwest校を卒業、アレクサンダー・テクニーク教師の資格取得。その他資格として、Living In A Bodyインストラクター、心臓リハビリテーション指導士、3学会合同呼吸療法認定士を取得。現在、大阪・西宮・神戸を中心に全国でレッスンを行っている。また、趣味として合氣道も嗜んでいる。

装幀：谷中英之

本文デザイン：中島啓子

より良い動きのための 意外な カラダの見方・考え方

2020年10月10日　初版第1刷発行

著　者　林 好子
発行者　東口 敏郎
発行所　株式会社ＢＡＢジャパン
〒151-0073 東京都渋谷区笹塚 1-30-11 4・5F
TEL　03-3469-0135　　FAX　03-3469-0162
URL　http://www.bab.co.jp/
E-mail　shop@bab.co.jp
郵便振替 00140-7-116767
印刷・製本　中央精版印刷株式会社

ISBN978-4-8142-0342-0　C2075

BOOK Collection

達人的武術技法のコツは“感じる”ことにあった!!

感覚で超えろ!

接点の感覚で相手と自分の境界を消していく。次の瞬間、相手は自分の意のままとなる。感覚を研ぎ澄ませば、その壁は必ず超えられる! 力任せでなくフワリと相手を投げたり、スピードが遅いように見える突きがなぜか避けられない、不思議な達人技。その秘密は“感覚”にあった! 『月刊秘伝』好評連載「感覚技法」。達人技の領域についに踏み込んだ、前代未聞の武術指南書!

●河野智聖 著　●A5判　●176頁　●本体1,600円+税

珠玉のキーワードがザクザク。これは新しい身体観へのへの羅針盤だ。

平直行が行く 身体感覚の宝島

強きひとの、ことばの柔き― いつも格闘技界の一歩先を走ってきた著者が、自然に流れ着いた武術と東洋的身体観の世界。そこで気づいた格闘技との相違とは? 感性の赴くままに書き綴られたエッセイに数々のキーワードがちりばめられる。引き込まれるように読めて不思議と心に残る、次代の身体感覚のエッセンスが詰まった一冊。

●平 直行 著　●四六判　●236頁　●本体1,400円+税

骨を連動させて、体の深部を動かす秘術

めざめよカラダ! “骨絡調整術”

1人でも2人でも、誰でも簡単にできる! あっという間に身体不調を改善し、機能を高める、格闘家 平直行の新メソッド。骨を連動させて体の深部を動かす秘術、武術が生んだ身体根源改造法。生活環境の変化に身体能力が劣化した現代において、古武術より導き出した「骨絡調整術」を現代人にマッチさせ、その神髄をサムライメソッドとして収めた潜在力を引き出す革命的な身体調整法です。

●平 直行 著　●四六判　●180頁　●本体1,400円+税

筋肉を連動させて、全身を一気に動かす秘術

カラダのすべてが動き出す! “筋絡調整術”

人間の筋肉は、螺旋で動くようにできている! なぜ、思うように動けないのか? なぜ、慢性不調がいつまでも治らないのか? それは、現代環境が便利になりすぎたゆえに“動物本来の動き”が失われたからなのだ!! “現代人がやらなくなった動き” この本の中に、それがある! 自分一人でできる! 全身を繋げて運動機能を高め、身体不調を改善する、格闘家平直行の新メソッド!

●平 直行 著　●四六判　●192頁　●本体1,400円+税

皮絡調整術と無意識領域の運動　サムライメソッドやわらぎ

触れるだけでカラダの奥が動き出す!

皮膚刺激によって、固まっていたカラダの奥底を動くようにする、平直行の新メソッド!

人の運動には、“意識的指令”の他に“無意識的指令”があり、後者は現代人の多くが眠らせてしまっている。そしてそれによって本来動くはずの身体部位も固まってしまっている。本書のメソッドは筋力アップでも、より良い動きを覚えていく事でもない、ただの覚醒。だから0秒で体が変わる!

●平 直行 著　●四六判　●200頁　●本体1,400円+税